Ullrich Mroch
Schrunzel
Geschichten, Gedichte, Worte

Ullrich Mroch

Schrunzel

Geschichten, Gedichte, Worte

LiteraturWELTEN Band 41

Der Verlag

Bibliografische Information der Deutschen Nationalbibliothek
Die Deutsche Nationalbibliothek verzeichnet diese Publikation in der
Deutschen Nationalbibliografie; detaillierte bibliografische Daten sind
im Internet über http://dnb.d-nb.de abrufbar.

1. Auflage 2019
© Copyright beim Autor
Alle Rechte vorbehalten

Herstellung: TRIGA – Der Verlag UG (haftungsbeschränkt),
GF: Christina Schmitt
Leipziger Straße 2, 63571 Gelnhausen-Roth
www.triga-der-verlag.de, E-Mail: triga@triga-der-verlag.de

Fotos und Zeichnungen: Ullrich Mroch

Druck: Druckservice Spengler, 63486 Bruchköbel
Printed in Germany

ISBN 978-3-95828-208-7 (Print-Ausgabe)
ISBN 978-3-95828-216-2 (eBook-Ausgabe)

Inhalt

Schrunzel	7
Begehbare Zeit	12
Halluzi	16
Die blaue Blume	21
Donnerwetter	24
Septemberregen	25
Die Gestalt am Graben	27
Grün oder schwarz	29
Lattenzaun	31
Das Feuer im Zweig	32
Aus heiterem Himmel	33
Zuckerwatte	35
Der trockene Zweig	36
Die nächste Seite ist leer!	38
Zarnowitzer See	40
Du bist nicht mehr da	44
Ein Teil des Weges	45
Eine Urlaubskarte	47
Eine Weihnachtskarte	49
Britschke	52
Meta und Luzie	56
Das Schulheft	64
Drei in der Suppenschüssel	66
Hörnchen	69
Haluna	73
Harald von Tschi	79
Kumpel Pladautsch	81

Schrunzel

Nein, geklingelt hatte es noch nicht. Doch es war Aufstehenszeit: 7 Uhr. Ein Morgen im Mai 1946. Nach dem mageren Frühstück gab es Freizeit so viel, wie der angebrochene Tag hergab. Ingo war schon weg. Margarete war wohl auf dem Weg zum Wal (Kampfplatz). Ihr ausgesuchter Gegner war Juppes. Unsere Straße, die ganze Miraustraße, war um 7.40 Uhr noch wenig belebt. Langsam kamen aus den Eingängen Frauen, die für die 8 Uhr Wochentagsmesse zur Kirche Allerheiligen gingen. Die kleine Glocke an der Behelfskirche in der Räuschstraße hatte sie herbeigebimmelt. Ich, 4 Jahre und 10 Monate alt und gezeichnet von der Frisierkunst meiner Schwester, stand vor der Hausnummer 73. Frau Fehrenbacher kam mit einem Eikaufsnetz aus Nr. 71. Sie strich mir über meinen Fransenkopf und sagte:»Na, Kleiner, hast du denn keinen zum Spielen?« Eine Wohltat war diese Berührung. Ich wurde wahrgenommen.

Soweit man nach rechts oder links die Straße hinunterschauen konnte, versperrte kein Auto oder Motorrad die Sicht. Plötzlich störte ein Unikum von Lastwagen die Idylle, bog in unsere Straße ein und hielt mit lautem Getöse vor dem Einschnitt zwischen den beiden Wohnblocks. Männer stiegen aus und je zwei nahmen eiserne, mit Abfall gefüllte, gedeckte Kästen und kippten den Inhalt in den Bauch des Müllautos. Das war interessant.

Als ich den Ort des Geschehens erreichte, fuhr das mit Müll gefüllte Fahrzeug wieder weg. Die leeren Blechkästen standen noch an der Straße. Wo kamen die denn her?, fragte ich mich. Ein paar Minuten später kam Herr Schulrose (Schuhose) und brachte nach und nach die Behälter in ein flaches Gebäude mit nach unten gehender Treppe, das hinter einem kleinen mit Birken bewachsenen Wäldchen stand.

Es war wieder still, als ich beschloss, um dieses Haus herumzulaufen. Ich fand allerlei interessante Gegenstände, die wohl aus den eisernen Kästen verlorengegangen waren. Hier ein Korken, dort ein Stück Papier. Auch ein Lappen. Die erkennbaren Spuren jahrelanger Nutzung ließen darauf schließen, dass ein Tuch erst weggeworfen wurde, wenn es nichts mehr taugte oder durch ein Stück aus der durchgesessenen Hose des Vaters ersetzt werden konnte. Für einen nicht einmal fünfjährigen Jungen alles Schätze. Unter einem Zweig aber – kaum sichtbar – lag da noch ein Lappen. Ich kroch unter dem Zweig durch und zog diesen Lappen heraus, um ihn zu begutachten. Ein normaler Lappen war es nicht. Vielmehr ein aus mehreren Stoffteilen zusammengenähtes puppenähnliches Gebilde. Es war wohl mal eine Puppe gewesen, die sehr viel durchgemacht haben musste. Der Krieg war es nicht, der gerade vorbei war. Aber weich war es und passte genau in meine kleinen Arme. Sie schaute mich mit den fast nicht mehr vorhandenen Augen so liebevoll an, dass ich mich vom Mitleid gerührt, nicht mehr von ihr trennen wollte. Als ich mit dem undefinierbaren Knäuel zu Hause ankam, schaute meine Mutter schief auf meinen Schatz, ließ ihn aber mit mir herein. Natürlich erhielt mein Schatz, so dreckig wie er war, sofort einen Platz in meinem Kinderbettchen – einem Gestell aus Draht und Eisen. Meine Schwester meinte nach längerer Betrachtung, dass es ja etwas Puppenähnliches an sich hätte. Begeistert davon war sie allerdings nicht. Als mein Bruder Ingo dieses »Etwas« gewahrte, wollte er wissen, was ich mit diesem zerfetzten und schrumpeligen Lumpen anfangen wollte. Er hatte kein Verständnis dafür, dass man das, was offensichtlich zum Putzen nicht taugte, mit nach Hause bringen konnte. Meine Mutter sah, dass ich traurig wurde. Im Beisein meiner Geschwister sagte sie: »Das gehört dem Ullrich, das ist seine Schrunzel.« Keinen Muks gaben meine Geschwister mehr von sich. Per Dekret meiner Mutter wurde »Schrunzelchen« in die Familie integriert. Ich hatte nun etwas, das mir allein gehörte. Stolz war ich und stand aufrecht an meinem Bettchen mein Liebstes betrachtend. Ich durfte mit ihr, ungereinigt wie sie war, die ganze Nacht im Bettchen verbringen.

Sonnig und hell war es am nächsten Morgen. Mein »Schrunzelchen« war über Nacht ja so schön geworden. Ich musterte sie von allen Seiten. Komisch sah sie schon aus. Aber diese Schönheit, die weniger von ihrem Äußeren als mehr von ihrem Inneren ausging, war unübertroffen. Ihre Seele spürte ich in der ganzen Stube. Mit jedem Atemzug sog ich einen Teil der von ihr ausgehenden Aura ein. Ich setzte sie in die eine, dann in die andere Ecke des Bettchens und betrachtete sie mit großen Augen. Dann nahm ich sie in den linken Arm, steckte meine zwei Lieblingsfinger der rechten Hand in den Mund und war unbeschreiblich glücklich. Die Aussage, dass das ja nur ein dreckiger Lumpen wäre, konnte mein Glück nicht trüben. Meine Schwester akzeptierte mein Glück, schaute aber das eine oder andere Mal ein bisschen schräg. Meine Mutter sah wohlwollend und mild auf mein Glück.

6.30 Uhr war es an diesem Donnerstag im Juni, als ich aufwachte. Der Blick nach draußen ließ nichts Gutes erahnen. Graues nebliges und diesiges Wetter wie im November. Bis zum Aufstehen hatte ich ja noch so viel Zeit, mit meinem Liebsten zu kuscheln. Schrunzel war aber nicht da.

Natürlich konnte sie nur in meinem Bettchen sein. Nachdem ich mein Refugium bis in den Inhalt der Kapokmatratze untersucht hatte, stand fest: Hier war sie nicht. Tief Luft holend sah ich in die Gärten des Innenhofes unseres Wohnblocks. Die roten Blüten des hier und da wachsenden Klatschmohns läuteten meine Sinne wach. Konnte sie doch aus dem Bettchen gefallen sein? Vielleicht hatte ich sie einfach irgendwo in der Wohnung liegenlassen oder vergessen? Angespornt durch diese denkbaren Möglichkeiten fing ich an, nur unterbrochen durch eine »Katzenwäsche« und das sehr hastige Anziehen meiner gerade noch so tragbaren Sachen, mit einer Hoffnung zu suchen, die mit Sicherheit so sehr von Erfolg erfüllt sein würde, dass in mir kein Zweifel aufkam, sie nicht wiederzufinden.

Der Mond, der den ganzen Tag nicht zu sehen war, kam abends ja auch wieder raus und erhellte die Nacht mit seinem silbernen Schein. Doch kein Mond, kein Stern, keine Schrunzel in Sicht. Die Durchsuchung des Schuhregals auf unserem Balkon brachte nichts. Auch im Küchenschrank und dessen Brotkasten war sie nicht zu finden. Die Durchsuchung des Bades, auch unter der Badewanne und hinter der Toilette, war erfolglos. Meine Suche dehnte sich auf unseren Keller und Garten aus. Als ich an dem Ort, wo ich sie einst fand, vergeblich gesucht hatte, ging ich betrübt über unseren Hof nach Hause. Es war schon Mittag. Die Blütenblätter des Klatschmohns waren abgefallen und bimmelten keine neue Hoffnung in mich hinein.

Meine Mutter hatte mein ganzes Treiben verfolgt und spürte meinen Schmerz. Abgewandt und jeglichen Blickkontakt zu mir vermeidend sagte sie: »Junge, suche nicht mehr.« Dein Bruder hat sie weggeworfen.« Ihr flossen wohl unsichtbare Tränen die Wangen runter. Nur weil ich von diesen Worten erstarrt war, ertrug ich klaglos das Gesagte wie ein Mann. Dann riss es in mein kleines Herz eine große Wunde, die nicht aufhören wollte zu bluten.

Wie vermisste ich doch mein Liebstes. Ihre Augen, ihr Lächeln, ihre Anschmiegsamkeit. Eben alles an ihr. Nun hatte ich nur noch meine zwei Finger und mit ihnen schlief ich an diesem Abend sehr spät ein. Der Gedanke an die Endlichkeit und Gültigkeit dieses so herben Verlustes ließ keinen Raum für Schuldzuweisungen. Ich würde sie ja doch nicht wiederkriegen.

Die große Wunde auf dem kleinen Herzen brauchte viel Zeit, um zu heilen und hinterließ eine große Narbe. Immer wenn etwas von mir Geliebtes den Übergang von der Zeit in die Unzeit vollzogen hat, platzte diese Narbe wieder auf, blutete stark und rüttelte an mir.

Begehbare Zeit

Einen Fuß vor den anderen setzen. Hinein in eine Zeit, die längst vergangen ist, und doch bin ich drin. Unvorstellbar gegenwärtig. Da ist ein Weg, ein nicht befestigter Sandweg, trocken, zuckrig und sehr staubig. Besäumt von einer Mauer auf der einen Seite und von Zäunen und Zäunchen, die kleine Gärtchen abgrenzen, auf der anderen Seite. Ein breiter Weg. Dort, wo das Gras bereits vertrocknet ist, behaupten sich immer noch ein paar Pflanzen und trotzen den Fußgängern und Radfahrern, die ihnen erheblich zusetzen. Etwas weiter wächst an der Seite der Gärtchen das Unkraut üppiger und begrünt die Zäunchen. Der feine, unverwechselbare Geruch, der Sonnenstand und die herumtobenden Kinder zeigen mir eine Zeit an, in der die Kinder sehr arm sind.

Eigentlich führt der Weg nach Saatwinkel. Da wollen die Kinder baden gehen und sich am Planschen erfreuen. Die Stänkereien der Kinder untereinander haben sie hier aufgehalten. Die Farbe der Reibereien sagt mir genau, in welcher Zeit ich mich befinde. Nicht jeder hat eine Badehose, geschweige denn ein Handtuch mit. Aber dafür jede Menge Schätze. Eine Schnur, eine Garnrolle, eine Murmel, ein Stück geschliffenes Glas aus einem Lüster und einen Fahrradschlauch, der aufgepumpt als Schwimmhilfe dienen kann. Sogar eine Flasche Wasser und ein Brausewürfel sind da. Eules Lupe ist das beste Stück und als Brennglas geeignet. Mit Kalles Tennisball, der nicht mehr befilzt ist, wird gerade Fußball auf ein Tor gespielt. Die Torpfosten sind durch zwei Kinder ersetzt, die fürs Spielen zu klein sind. Ich sehe Paule und mich. Wir beide sind dafür bestens geeignet. Dann geht's weiter zum See und rein in die Fluten. Die

Größeren spielen gleich Tauchzeck. Die Kleinen recken ihre Köpfe aus dem 20 cm tiefen Wasser und stützen sich am Grund ab. Sie rufen anderen zu: »Guck, ich kann schwimmen!« Mit den Händen »laufen« sie am Boden lang. Sie können sich vom Wasser solange nicht trennen, bis sie sehr frieren und dann bibbernd das Wasser mit »blauen« Lippen verlassen. Irgendetwas wird zum Wärmen über die Schultern gelegt. Ein Handtuch hat ja keiner. Die als Badehose genutzte Unterhose ist so nass und schwer, dass sie runterrutscht und mehr die Knie bedeckt als den Hintern. Wenn das Bibbern etwas nachlässt, geht's gleich wieder rein und das Spiel von vorn los. Wenn es dann nach hause geht, wird die Unterhose nicht angezogen und in den Händen –so nass wie sie ist – getragen und erst kurz vorm zu Hause angezogen. Bis dahin ist sie wieder trocken.

Am nächsten Morgen, nach einem mageren Frühstück, wird dort geklingelt, wo Gleichalterige wohnen, und der Öffnende mit der Frage genervt: »Kommt der Wolfgang runter?« Natürlich schickt die Mutter den Wolfgang runter. Bewaffnet ist er mit einer halben Hosentasche voll getrockneter Mohrrübenstückchen. Eine üppige Verpflegung. Seine Mutter hat, wie auch meine Mutter, nur ein bisschen Trockenzeug von den Amerikanern. Sonst gibt es nichts zu essen. Ich kann strahlend entgegensetzen, dass mein Hosentasche halb mit Trockenkartoffeln gefüllt ist.

Nach Erreichen der noch blühenden Rosen im Einschnitt unserer Wohnanlage kommt zusammen mit den gerade so abgeblühten Hagebutten und dem Inhalt unserer Hosentaschen ein wohlschmeckendes Menü zustande. Es ist klar, dass jede junge Blüte, jeder Trieb und jede unreife Frucht der Büsche wie der Scheinquitte, Mahonie und Sauerdorn sowie auch jeder Inhalt eines Pfirsich-, Pflaumen- oder Kirschkerns eine köstliche Erweiterung unserer Speisenkarte bietet. In der Straße wird von anderen Kindern mit »Giggalingen« geklimpert. Ein Spiel, das es ermöglicht, die aus einem Eisenbahnwagen der Franzosen geklauten Messingplättchen zu nutzen. Uns treibt es aber zur »Zickenwiese«. Hier finden wir neben den uns bekannten essbaren Pflanzen wie Brennnessel, Sauerampfer und Hirtentäschel auch Mohnsamen und Wegmalve (eine Köstlichkeit). Der wild wachsende Spargel schmeckt aber nicht so toll. Je weniger uns diese Zeit an Nahrung bietet, umso mehr erweitert sich unsere Kenntnis von Essbarem aus der Natur. Jeder kleine Kumpel, den wir treffen, ergänzt unsere Speisekarte. Und so essen wir auch Melde, Sauerklee, Vogelmiere, Giersch, Rot- und Weißklee. Wir »fressen« alles Neue, was wir finden. Selbst kleinste Fische, die wir aus dem Kanal fangen, werden kurz über dem Feuer gewedelt und dann komplett gierig verschlungen. Wir sehen sehr verhungert aus. Dreckig sind wir. Diese »Krankheit« heilen wir durch Planschen im Kanal oder Spielen in den Pfützen auf der Straße nach einem Regenguss. So etwas Feines wie Nachtisch gibt es nur, wenn ich Schmiere stehe und mein Kumpel uns Pflaumen oder unreife Pfirsiche über den Zaun wirft.

Abends um zehn nach sechs sind wir wieder zu Hause. Mutter fragt: »Junge, wo warst du denn? Hast du den ganzen Tag nichts gegessen?« Sie hat nichts; sie weiß nichts und hätte wegen Lebensmittelmangel mir sowieso nichts geben können. Froh ist sie, dass ich nicht nach Essen frage. Um sieben geht's ins Bett.

Als ich am Morgen aufwache, bin ich wieder in eine andere Zeit eingetreten.

Viel später in die jetzige Zeit.

Halluzi

Was für ein Scheißtag! Aufstehen zu müssen. Morgens 9 Uhr 10: unmöglich. Der innere Zwang forderte es aber. Na schön, dann muss ich ja wohl. Vom Liegen ins Sitzen, über eine Hocke und Beuge ins gekrümmte Stehen. Unzumutbar für mich, der gestern ein Tässchen zu viel genascht hatte. Der Blick aus dem Fenster reizte. Schon stand ich aufrecht. Na, da kann ich ja auch nach unten ins Bad gehen. Schön sah das Bild im Badspiegel nicht aus. So eine vergammelte Fratze. Was für eine Scheißidee, sich morgens die Zähne putzen zu müssen und dann noch waschen. Oh Gott! Mit Seife und mit Wasser. Nein, die Seife könnte man sich doch sparen und wozu das Wasser. Meine abscheuliche Fratze wollte ich aber so nicht hinnehmen. Ich beschloss, sie mit Rasierschaum zu verschönern. Toll, nun hatte sie ein bisschen was von einem Clown. Aber sie war immer noch abscheulich. Durch das Abnehmen des Rasierschaumes erschien mir meine Fratze nicht mehr ganz so schlimm. Donnerwetter, welch eine Veränderung! Vielleicht würde durch Zähneputzen und waschen aus der Fratze ein Gesicht? Nun auch noch anziehen. Wie toll! Es dauerte, bis feststand, dass ich das anziehe, was ich gestern getragen hatte. Ob das heute noch tragbar oder verdreckt war, stand nicht zur Debatte. Aber die verschissene Unterhose sollte meinen Arsch nicht mehr zieren. Der saubere Ersatz roch gut – zu gut. Die Probleme, die es beim Anziehen gab, waren ungeheuerlich. Socken verwechseln links und rechts innen und außen. Es dauerte, bis alles paarig war. Und dann noch das Unterhemd. Immer war das Etikett vorn. Geschafft! Aber die Hose. Es war einfach nicht möglich, den Fuß durch das Hosenbein zu kriegen. Nachdem ich mich zehn Minuten von dieser Strapaze ausgeruht hatte, fiel mir auf, dass das, mit dem ich kämpfte, beim Ausziehen wohl das Innere nach außen gekehrt hatte. Schwer war es, die alte Ordnung wieder herzustellen. Mein Gott!

Als ich alles anhatte und seine Richtigkeit zu haben schien, gelang es mir, eine liderliche menschliche Gestalt im Spiegel zu erkennen. Mensch! Und das war ich. Unglaublich! Der, welcher sonst immer so korrekt war und sich gern am Äußeren anderer seine Zunge verbogen hatte. Und nun? Ach, egal. Die anderen sehen es ja nicht und ich vergesse das einfach. Wozu gibt es denn den morgigen Tag? Och, war das schon spät! Frühstücken wollte ich eigentlich nicht, aber es war ein alltägliches Ritual, zum Frühstücken zu erscheinen. Und so erschien ich. Wie immer zwei Scheiben Brot, Butter, Marmelade und Wurst und dazu Milch. Leider nur einen halben Liter. Ich hätte wohl drei Liter »saufen« können. Na ja, wenn ich das Frühstück ein bisschen ausdehne, wird mich keiner auf meine angekündigte Gartenarbeit hinweisen. Ich wollte Äste und Zweige schreddern. Nun noch ein bisschen rumtrödeln und so tun, als wenn das, was ich mache, wichtig ist. Unnötiger Aktionismus. Aber er half, die Zeit bis zum mittäglichen Kaffeetrinken totzuschlagen. Endlich Kaffee! Tat der gut und zog die innere Feder wieder auf. Ein paar Tassen mehr als sonst waren es, die mein Kopf von innen wieder glattbügelten.

Ich traute mich jetzt schon wieder nach draußen ins Freie. Auweia, tat das weh! Die Sonne durchflutete den Garten und die angrenzenden Felder. Nach einer Weile gewöhnten sich meine Augen an die Helligkeit. Jeder Baum und jeder Strauch, meine Beete und alle Pflanzen wurden ausgiebig betrachtet. Die abgeschnittenen Äste und Zweige, die zu einem hohen Haufen aufgetürmt waren, beäugte ich missmutig, weil es mich an Arbeit erinnerte. Eigentlich sollte sie bis zum Mittag erledigt sein. Eine Ausrede hatte ich schon parat. »Es ist noch nicht drei Uhr und in der Mittagszeit darf man keinen Krach machen.« Also zwang es mich, auf diese Arbeit zu verzichten.

Wie wäre es, wenn ich mal so täte, als ob? Ich könnte ja das herrichten, was es zu meiner Arbeit, die ich mir vorgenommen hatte, brauchte. Ja, gut. Und so beschloss ich, meiner Faulheit den Rücken zu kehren. Nicht gerade willig trottete ich zu der Stelle, wo ich längst mit dem Schreddern hätte fertig sein müssen. Nur keine Eile. Erst einmal das Terrain sichten. Ein Bierchen wäre jetzt wohl als Ansporn angebracht. Aber mir stank es, wieder so einen Unhold wie heute früh im Spiegel sehen zu müssen.

Sondieren – so ein schönes Wort fiel mir ein. Es erlaubte mir, zwischen der Faulheit und dem »Müssen« eine Pause einzulegen und lastfreier Betrachtung zu frönen. Sie war so lastfrei, dass ich fast dabei einschlief. Wie schön wären doch die Träume gewesen, hätte nicht der Wind die Tür zur Veranda zugeknallt. Ja, genau, da musste ich rein. Von da kommt der Strom. Kann ja nicht schaden, schon mal das Kabel herauszulegen. Es dauerte, bis ich damit anfing, aber dann ging es schon. Vierzig Meter Kabel! Aber es entwirren? Man war das verflixt schwer. Ein vom Restalkohol physisch beeinträchtigtes Wesen diese Aufgabe lösen lassen zu wollen, ist eine Unverschämtheit. Es war kein »heiliger Bimbam« da, der half. Da kam mir dann die Erinnerung an meine Arschgeduld. Und so knöperte und rodelte ich dieses Kabel auf. Hin zum Schredderplatz. Nun lag es da. Stolz war ich auf diese Leistung.

Der Schredder war noch nicht da. Fast hätte ich vergessen, dass der für meine Arbeit unentbehrlich war. Um ihn herbeizuschaffen, musste ich in den kleinen, circa fünfzig Meter entfernten Schuppen. Ein langer Weg. Aber jetzt war ich standhaft. Schnurstracks und ohne Ausfallschritt erreichte ich das kleine Häuschen, öffnete es und da war er hinter dem Fahrrad und Gartengeräten geparkt. Um das Ding zu kriegen, musste ich alles rausräumen. Beide Türen sperrte ich weit auf. Spaten, Harke, Hacke, Schlauch, Rechen, Grill und zuletzt Fahrrad flogen aus der Bude. Angepackt! Endlich konnte der Schredder ins Freie gehievt werden. Bis zur Tür ging es. Die Schwelle nach draußen war mit diesem Ding nicht zu überwinden. Unter dem vor dem Häuschen stehendem Apfelbaum verarbeitete ich erst einmal meinen Frust. Mann, so eine Scheiße! Nach kleiner Aufräumarbeit in meinem Kopf war klar, dass man das Ding umdrehen musste, um es aus dieser Behausung zu kriegen. Wunderbar, das klappte. Aber nur bis zur Tür. Dann ging nichts mehr. Ein Rad verhakte sich in einen Draht. Trotz Hornissen, die in meinem Kopf schwirrten, löste ich dieses Problem. Ab über die Straße! Drüben angekommen und richtig neben dem Äste- und Zweigeberg aufgestellt. Das Kabel lag auch schon da. Jetzt anschließen. Nee, geht gar nicht. Stecker auf Stecker passt nun mal nicht zusammen. Nun schwor ich mir, diese Arbeit zu beginnen und zu Ende zu bringen. Egal, ob mich die Dunkelheit küsst oder es regnet oder schneit. Also vierzig Meter Kabel umdrehen. Nun klappte es. Lichtblick, jetzt kann ich loslegen. Ach, Ohrenschützer und Schutzbrille hast du vergessen und übrigens Handschuhe auch. Na, eine Kleinigkeit – die fünfzig Meter hin und zurück, um diese Utensilien zu holen, konnten mich auch nicht mehr schrecken. In meinem Zustand das in acht Minuten herbeizuschaffen war Spitzenzeit. Der Parcour war rein ins Haus, runter in den Keller, in den Schuppen und wieder rüber zum Schredderplatz. Stolz war ich. Von diesen drei Dingen hatte ich nichts vergessen.

Geil war ich darauf, mein Vorhaben von heute früh endlich nach drei Uhr beginnen zu können. Richtig angezogen, Ohrenschützer auf, Handschuhe an und Sicherheitsbrille auf. Alles war perfekt. Zweige holen und anschalten. Brow! Es läuft und es schnurrt. Scharf waren ja die Messer. Ast um Ast, Zweig um Zweig fiel geschnetzelt in die Tuppe. Zu Entsorgung des Materials musste ich immer zum Komposthaufen. Dann ging es weiter. Schreddern, Zweig nehmen und schreddern. Keine Zeit zum Aufblicken. Doch als ein paar Späne hinter meine Brille flogen, musste ich ausschalten und nach Sauberkeit sehen. Als alle Holzschnitzel entfernt waren, konnte es weitergehen. Motoranlauf und Schreddergut holen. Ja, aber! Da saß ein Feldhase mit gespitzten Ohren circa vier Meter von mir entfernt am durcheinander aufgeschichteten Äste-, Strauch- und Reisighaufen. Unbeirrt von meinen Aktionen und dem lauten Motorenge-

räusch, das die Maschine machte. Es hat ihn nicht gestört, wenn ich mit langen Ästen an ihm vorbeikam. Er schaute mich aufmerksam an. Das kann gar nicht sein!»Unmöglich!« Das geht doch nicht! Ich dachte:»Einfach ignorieren.«
Je mehr ich arbeitete und die langen Zweige vorbeischleppte, umso näher kam er. Geht gar nicht! Weiße Mäuse nach extremen Alkoholgenuss, o.k. Aber ein Hase mit gespitzen Ohren? So viel hatte ich doch wirklich nicht getrunken. Vielleicht war das gar kein Hase? Vielleicht war das»Halluzi«, die Häsin? Sie soll ja immer dann auftauchen, wenn jemand durch übermäßigem Drogenkonsum seine Sinne gekräuselt hatte und Halluzinationen bekam. Entgegen der Wirklichkeit entstehen dann flüchtige Illuminationen im Hirn, die die Betroffenen nicht richtig einschätzen können und behaupten, dass sie wahr sind. Ich stutzte. Alles war noch da. Die Sonne, das Haus und meine Geräte. Die Arbeit hatte sich auch nicht von selbst erledigt. Und dennoch! War ich es nicht, der gestern besoffen war? Einer Bewertung ging ich aus dem Weg. Nach Erledigung meiner Arbeit packte ich Schutzbrille, Handschuhe und Ohrenschützer wieder dahin, wo sie hingehörten. Rollte das Kabel zusammen und verstaute den Schredder. Bei allen Aktionen folgte mir der Hase mit seinen gespitzten»Löffeln«.

Als alles zu und verschlossen war, konnte ich ihn immer noch auf dem Grundstück sehen. Ich bat meine Frau, Zeuge zu sein und nach dem Hasen zu sehen. Sie bestätigte:»Da sitzt ein Hase – und er kommt immer näher.« Es lag also doch nicht an meinem gestrigen Suff!

Die blaue Blume

»Kommst du mit?«, fragte ich meine Frau. »Vielleicht zum Nachbardorf und zurück? Nur eben mal Luft schnappen?«
»Bei dem Wetter habe ich keine Lust«, antwortete sie.
Dennoch! Ich konnte sie überreden. »Wenn du dich auf den Weg machst, siehst du immer etwas Interessantes oder erlebst was. Du musst nur losgehen.«
»Was wird es denn bei diesem trüben und kaltem Wetter schon geben?«, maulte sie.
Ich hatte einen Rundgang geplant. Nach Lemmersdorf über Gneisenau und zurück. Mit derben Wanderschuhen ausgestattet ging es über einen holprigen und mit »Katzenköpfen« gepflasterten Weg nach Lemmersdorf.
»Lass uns doch noch ein Stück durch den Ort gehen. Da soll am Ortsende die Nichte unserer Bekannten ein Grundstück gekauft haben«, sagte ich.
Das musste sie natürlich sehen. Und als wir angekommen waren und das Grundstück begutachteten, waren wir uns einig, den in der Nähe gelegenen Ort Wolfshagen aufzusuchen und erst danach den Heimweg anzutreten. Die Luft war herrlich. Trotz des trüben Wetters füllten wir ausgiebig unsere Lungen damit. Im Ort sahen wir nach der Königssäule, dem Speicher und dem Fischerhaus. Nur unweit des Fischerhauses überquerten wir das kleine Flüsschen, das den Haussee speist. Das Ufer des Flüsschens war mit sehr grobem kantigen Steinschotter gesichert. Von der kleinen Brücke aus entdeckte ich zwischen den Steinen einen Farbtupfer. »Ist wohl ein Bonbonpapier«, dachte ich.

Das musste ich ergründen. Ich kletterte sofort die Böschung hinab und wäre dabei fast in den Fluss geflogen. Aber das war ja gar kein Bonbonpapier! Es war eine blaue Blume, die hier unten mitten im Winter blühte und das obwohl oben an der Böschung noch Schneereste lagen. Die mir unbekannte blaue Blume habe ich dann sofort mit meiner »Minox« aufgenommen. Eigentlich konnte es nicht sein, dass eine Blume im Januar in Eis und Schnee blühte. Nachdem ich das für mich Unvorstellbare »gefressen« hatte, fiel mir ein, dass so etwas nur im Märchen vorkam. Ein Märchenheld musste schwere Prüfungen bestehen. Mal war es ein Irrweg oder ein Sturm. Mal war es das Wasser oder die Kälte, die er überwinden musste. Aber wenn er alles überstanden hatte und endlich die blaue Wunderblume erreichte, war sie das Tor zur Rettung der Angebeteten und zum Glück.

Und mir? Direkt vor meiner Nase in den groben Steinen wachsend? Unvorstellbar so ein Geschenk ohne Mühe zu bekommen. Nein, ich hatte sie doch gar nicht verdient! Und so habe ich sie stehen lassen und nur das Foto mitgenommen.

» Stell dir vor …«, wollte ich meinem Bruder mitteilen. Doch verwähle ich mich und mein Anschlusspartner war eine Frau, die ich vor Jahren kennengelernt und mit der ich mich damals sehr gut verstanden hatte. Ich erzählte ihr nun von dem Erlebnis. Sie bat mich gleich um ein Bild von der Blume. »Gern!«, sagte ich und nach der Entwicklung des Films sandte ich ihr das Bild. Nun verband uns jeden Tag neuer Gesprächsstoff. Und so bekam ich heraus, dass sie am 28. Januar Geburtstag hatte. Genau an dem Tag des Blumenfundes. Das Bild ließ sie dann vergrößern und einrahmen. Und je mehr wir miteinander sprachen, wurde mir klar, dass ich nicht nur eine Pflanze, sondern auch eine menschliche »blaue Blume« gefunden hatte. Und das mitten im Schotter der Großstadt. Ein hohes Glück war mir beschert worden. Und nach all den Jahren wollten wir uns noch einmal sehen. Das Schicksal wollte, dass das geschah. Dieses Glück, das nur zwei Tage dauerte, hatte mehr Inhalt und war größer als alles Glück, das ich in meinem Leben erlebt hatte.

Die Zeit alleine bringt kein Glück. In der Zeit, in der man lebt, muss man sich sein Glück durch Aufmerksamkeit und Fleiß erarbeiten. Man kann sein Glück nicht auf morgen verschieben. Man muss sofort zugreifen, wenn es sich anbietet. Im Leben gibt es nur einmal die Möglichkeit, zuzugreifen.

Die kleine Blume verwelkte. Am 22. Februar fiel das letzte Blütenblatt. Meine Freundin lag lange im Koma und folgte der Blume. Am 2. Mai wurde sie begraben. Die Stelle, an der man sie begrub, erinnerte an die groben Schottersteine der Böschung. Nur hier standen sie geordnet und aufrecht und waren mit Namen versehen.

Warum hatte ich vor langer Zeit mit der menschlichen »blauen Blume« nichts anfangen können? Warum hatte ich sie nicht in ihrer Blütezeit gepflückt?

Nach einer Woche saß ich bei herrlichem Sonnenschein im Garten. Ein selten so klarer Himmel weckte wieder Freude in mir. Nur eine kleine Wolke, durchsichtig wie ein Diapositiv, schob sich dann vor die Sonne und wollte einfach nicht weiterziehen. Wie ein Bild leuchtete sie in mehreren Farben. Da war das Rot des Klatschmohns wie das Rot der Haare meiner Freundin. Dann ein helles Beigegelb wie die Farbe ihres Gesichts und ein schillerndes Blau. Ein Blau wie das der blauen Blume. Das Ganze eingefasst mit dem Gelb von Sonnenblumen, deren Blütenblätter in das Blau des Himmels hineinragten. Es kribbelte in mir und durchflutete meinen Körper mit aufregender und doch angenehmer Wärme. In mir kam ein Gefühl auf, dass ich so etwas nie wieder sehen werde. War das nicht meine Freundin, die mit der blauen Blume im Haar vom Himmelszelt grüßte?

Das Leben ging weiter. Das kleine Flüsschen nährte wie zu allen Zeiten den Haussee. Die grobe Steinböschung sah trist aus. Der Sommer war schon eingezogen. Bäume und Pflanzen standen voll im Grün.

Wer wird der Glückliche sein, der hier mal wieder eine blaue Bume finden wird?

Donnerwetter

Bei den Gedanken zur Gestaltung und Nutzung des aufgefundenen Kamins wurde ich durch Mehl- und Rauchschwalben permanent gestört. Wegen des angenehm warmen Wetters hattee ich das Fenster offen stehen lassen und auch die Tür zum Nebenzimmer. Mit einer Bravour inspizierten die Vögel geeignete Nistmöglichkeiten. Am interessantesten war im Nebenzimmer das noch vorhandene Gardinenbrett. Gerade eben, als ich diese Zeilen schreibe, wurde beschlossen, diese Ecke für ein Nest zu nutzen; Ausbauten vorzunehmen und Verschönerungen zu gestalten für das künftige Eigenheim. Meine Einwände, dass das hier nicht geht, wurden ignoriert. Ob ich hier saß und schrieb, war egal und sie hielten es für unbedenklich. Ich hatte das Gefühl, dass sie mich als Mitbewohner bereits akzeptierten. Miteinander »sprachen« sie sehr laut. Ich hatte keinen Blitz gesehen, aber es war so laut wie der Donner danach. Verstehen konnte ich ihre Worte nicht. Es waren wohl klare Worte der Zustimmung beider Vögel für diesen schönen Bauplatz. Beendet wurde jeder Satz mit einem »jraijdjraijid«. Die Betonung lag auf »jra«.

Er war gerade weggeflogen. Sie hütete nun still ihren auserkorenen Brutplatz. Wie gern mochte ich diese kleine Familie unterstützen. Aber durch mein Aufstehen und meine unmissverständlichen Gebärden veranlasste ich sie zum Wegfliegen.

Sie veranstalteten ein Donnerwetter und schauten zornig auf mich. Wie konnte ich denn auch so etwas machen? Mir war sehr unwohl zumute. Ruhig war es in den Räumen wieder geworden. Nun könnte ich mich wieder meinen Konstruktionsgedanken zur Gestaltung des Kamins widmen.

Aber das Erlebte ging mir nicht mehr aus dem Kopf.

Septemberregen

Tisch und Stühle raus! Das schöne nachmittägliche Wetter genießen! Ja – und dann das Geschnatter der Stare hören. Ein Genuss und Labsal für die Seele. Sie finden sich nun in Gruppen zusammen. Dann überlasten sie durch ihre Menge den Holunderbusch. Dann wieder rein in einen großen Laubbaum. Immer hin und her. Gruppen und Grüppchen der Vögel fliegen von einem Busch oder Baum zum anderen. Die eine Gruppe ist schon wieder auf dem Rückzug, da kommt die andere erst an. Dann immer noch Nachfolger und die, die sich noch nicht so richtig auf das Üben des bevorstehenden gemeinsamen Flug in den Süden verständigen wollen. Hier gibt es kein Vertun. Natürlich müssen sie.

So viele Vögel müssten eigentlich durch ihr Gewicht schon mal Zweige zum Brechen bringen. Tun sie aber nicht. Fortlaufend führen sie Formationsflüge durch. Dann bevölkern sie wieder die Stromleitung, die dann zu einer großen Perlenschnur aufgewertet wird. Nun schon wieder direkte vollkommene Kehre! Vielleicht fünfhundert gefiederte Flieger. Sie schalten auf Geheimkommando ihren »Nachbrenner« ein. Genau über unserem Haus und unserem »Beobachtungsplatz«. Und Sekunden nach der Flugschau regnet es. Bei ihrem Schwung über das Haus und unserem »Erste-Reihe-Platz« haben sie uns was geschissen. Ja, es regnete Scheiße und jeder Tropfen variierte in anderen Farben zwischen Braun, Hellbraun bis zu einem Gemisch aus Braunviolett und Violett. Die Farbe stammte wohl vom Verzehr der reifen Holunderbeeren. Die Hundewelpen unseres Nachbarn schupperten intensiv an jeden Tropfen. An einigen leckten sie sogar. Für sie war das ein Wohlgeruch. Aber andere farbige Punkte mieden sie.

Ich konnte ihre Freude über den Geruch dieses Parfüms nicht teilen. Es stank einfach.

Die Auflagen der Gartenstühle, die Tischedecke und unsere Kleidung waren vom Schiss gleichmäßig besprenkelt. Aber unsere Kaffeetassen hatten sie verschont.

Es war schön, die Tiere zu beobachten. Es war aufwendig und nicht so schön die Sauberkeit wieder herzustellen. In mir tobten die Gefühle zwischen Ärgernis und Freude! Die Freude über die Beobachtung und den schönen Tag siegte schließlich über das Ärgernis.

Die Gestalt am Graben

Um Felder vom überschüssigem Wasser zu befreien, werden Rohre im Erdreich angelegt, aber auch offene Gräben dafür bereitgehalten. Oft kann man Pfade neben diesen Gräben zum Wandern nutzen. Bei gutem Wetter waren wir am frühen Nachmittag losgegangen und erreichten so einen Pfad über Straßen und Feldwege. Diesig und grau war es inzwischen an diesem Februartag geworden. Die Sicht war erbärmlich. Natürlich konnte man bei diesem Wetter hier draußen keine Menschenseele antreffen. Aber doch ging da einer auf der anderen Seite des Grabens etwa einhundert Meter vor uns. Es war eine große, männliche Gestalt mit wehendem, schwarzem Mantel. Er trug einen breitkrempigen, flachen Hut. Beim Gehen wippte er unnatürlich hin und her und auf und ab. Es hatte etwas von einem Wackelpudding den man schüttelt. Ab und zu konnte man seine großen Schuhe sehen und sein Mantel streifte meistens den Boden.« Kein Mensch hat so lange dünne Hände«, dachte ich. Ich hatte den Eindruck, dass die schon sehr langen und weiten Ärmel immer noch zu kurz waren. Der Kopf passte nicht so richtig zu der großen, unheimlichen Person. Obwohl er weit vor uns ging, konnte man lange Finger an seinen Händen ausmachen. Der Graben ist gleich zu Ende. Mal sehen was er dann macht.

Kurz vor dem Ende sprang diese Figur von rechts nach links ins Nichts. Die Gestalt war einfach weg und nicht mehr auszumachen. Dort, wo sie verschwand, waren nur drei dunkle längliche Veränderungen im Gras der Grabenböschung.

»War da was?«, fragte meine Frau.

»Nein, ich glaube nicht«, erwiderte ich.

Freudig sagte sie: »Wenn wir zu Hause sind, mache ich gleich Kaffee.« Noch immer mit den Gedanken an diese merkwürdige Erscheinung wie benommen antwortete ich: »Aber keinen mit so langen schwarzen Ärmeln.« Sie machte eine Geste, die fragend zum Ausdruck brachte, ob ich sie denn noch alle hätte.

Grün oder schwarz

Samstag, Einkaufstag! Natürlich Bier und Wasser holen – und nicht das Leergut vergessen. Alles muss in den Kofferraum. Nach dem Öffnen, kaum zu glauben, sitzt ein Laubfrosch rechts oben unter dem Kofferraumdeckel und der Dichtung in der Rinne.
»Nun, hast du denn keinen anderen Ort zum Übernachten?«, fragte ich. Ich nahm ihn und setzte ihn auf ein Blatt eines etwa zwanzig Meter entfernt stehenden Holunderbusches.
Sonnabend eine Woche später, morgens etwa 10 Uhr. Kofferraumdeckel öffnen und Leergut einladen. Nein, was ist denn das? Der lindgrüne Laubfrosch sitzt genau an derselben Stelle wie vorige Woche. Und überhaupt: Wie kam das Tier durch den Spalt zwischen Kotflügel und Kofferraumdeckel?
»Na, hier gehst du doch nur ein«, sagte ich. Nahm ihn und setzte ihn auf ein Blatt einer weit entfernt stehenden schwarzen Johannisbeere. Nun wird es wohl reichen und er wird sich nicht mehr an dieser Stelle verstecken. Gespannt war ich eine Woche später, als ich den Kofferraum öffnete. Nein, er war nicht da. Endlich hatte er es begriffen.
Nach der Einkaufstour musste natürlich der Kofferraum geleert werden. Ich konnte nicht glauben, was ich sah. An der Stelle, wo ich den Laubfrosch zweimal gefunden hatte, saß ein Frosch – ein Laubfrosch. Vorher beim Beladen hatte ich ihn nicht bemerkt, obwohl ich aufmerksam nach Fahrzeugbewohnern gesucht hatte. Es war klar: Ich hatte ihn spazieren gefahren. Nur, der Frosch war nicht maigrün, sondern schwarz. Ach, armer Frosch, nun bist du wohl tot.
Von wegen!

Als ich ihn herausholte, war er quicklebendig und genoss den Ort, auf den ich ihn nun verfrachtete. Im Fahrzeug hatte er wohl die Farbe seiner Umgebung angenommen.

Lattenzaun

Wie oft habe ich gute Gedanken in die Scheiße gekarrt. Das Beste was der Grips hergibt, wollte mein selbst gewählter Umgang nicht. Es war nichts wert, weil das Hirn meiner Bekannten mit Lametta umgeben ist, was verhindert, dass helle Geistesblitze hineingelangen und durch schmalen Metallstreifen reflektiert werden. Durch die Zwischenräume gelangen bei diesen Leuten jede Menge dunkle, nebulöse, schwammige und schaumig aufgeblähte grüngelbe Phrasen, die dort ins Braune und Graue zerfallen und keinen klaren Wert finden. Bei Nachfrage zu aktuellen Themen erhältst du von diesen Leuten Buttermilch-aufgeschäumte und schon vom Schimmel befallene stinkende Antwort. Durch Hinterfragen wird das eine oder andere Mal das durch Alkohol aufgedunsene Nervenzentrum dahingehend aktiviert, zwischen Latte und Zwischenraum zu unterscheiden. Wenn man Glück hat, trifft der Befragte den hellen Streif, den die Latte nicht verdeckt. Er oder sie antwortet, blickt fragend in die Runde, ob denn die Antwort Zustimmung erhält. Wenn »ja«, ist er oder sie das Größte. Wenn »nein«, zeigt die Runde durch Niederschlagen der Augen und durch Abwenden von dem Antwortendem oder durch tiefes Luftholen an, dass keine Zustimmung besteht und Themenwechsel gewünscht wird. Der Befragte versteckt sich hinter einer breiten Latte und will nie geantwortet haben.

Das Feuer im Zweig

Gemütlich im Wohnzimmer ist es, wenn es warm ist. Und noch angenehmer, wenn das Feuer im Kaminofen lodert. Draußen ist es ungemütlich und kalt. Schnee liegt noch überall. Grau in Grau ist das Wort, das man für dieses Wetter vergibt. Jetzt anheizen, und schon lodert ein Flämmchen. Nach einer Weile wird es mollig. Wie angenehm ist es, die helle Flamme zu sehen. Und draußen? Wir sind doch im schützendem Haus! Wenn schon nach draußen gesehen wird, dann nur um festzustellen, ob es schneit und die Flocken tanzen. Nein, sie wollten nicht. Aber im Zweig der großen Tanne vor unserem Haus war es ungewohnt hell. Und das zu einer Zeit, in der unter der Tanne im Garten Schnee lag. Die Sonne pokerte mit Nebel und Wolken. Sie verlor und wir mussten es büßen. Was war denn das, was den Zweig so hell machte? Im Zweig der Tanne brannte es. Schon holte ich einen Eimer Wasser, um zu löschen. Flugs war ich draußen. Das Wasser habe ich ausgeschüttet. Aber als ich von der Wohnstube in den Zweig sah, brannte es immer noch. Und obwohl es brannte, verzehrte das Feuer den Zweig nicht. In der Bibel ist so etwas beschrieben – aber hier in der Uckermark?

Am nächsten Morgen ging ich lässig der Frage nach. Natürlich war das Feuer erloschen, der Zweig war heil. In mir wechselten Fragen und Gegenfragen. Was konnte diese Erscheinung hervorgerufen haben? Es war wohl ein Streich der Natur, so wie eine Fata Morgana es mit den Menschen in der Wüste macht. Vielleicht auch eine optische Täuschung.

Aus heiterem Himmel

Dort! Was ist das? Ein blitzblank leuchtendes, hellgrünes Ding saust vor meinen Augen in einem Winkel von 45 Grad von Nord nach Süd zur Erde. Was für ein Feuerwerk mitten am sonnendurchfluteten frühen Nachmittag. Und dann noch bei wolkenlosem Himmel. Nach einem Bruchteil einer Sekunde war es weg. Es war schon etwa hundert Meter von der Erde entfernt verglüht.

Ruhe bewahren, nachdenken! Eine Erscheinung dieser Art könnte natürlich ein Meteor sein. Die geschätzte Geschwindigkeit, mit der es flog, war mindestens zwanzigmal so schnell wie ein Düsenflugzeug. Der Winkel von 45 Grad zum Horizont passte zu einer Sternschnuppe, die es bis auf die Erde schaffte. Aber behalte das lieber für dich! Habe es auch keinem erzählt.

Ein anderer schöner Nachmittag. Renate hatte sich zum Kaffee eingestellt. Es bot sich an, den Nachmittag bei diesem klaren Wetter im Garten zu genießen. Und dann, als es so schön gemütlich war, »Feuerwerk im Osten«. Von Süd nach Nord ein silberhelles Licht, das sich mit atemberaubender Geschwindigkeit der Erde näherte. Kurz vor der Erde nichts mehr. Beide Frauen am Tisch konnte ich darauf aufmerksam machen. Sie sahen dann auch diese Erscheinung. Und so hatte ich das nicht alleine wahrgenommen. Ja, so eine Farbe hatten sie am Himmel noch nicht gesehen. Junge, Junge, dieser kleine Stein. Mit der Geschwindigkeit konnte er glatt ein Haus zertrümmern. Irgendetwas muss er aber doch getroffen haben? Der Blitz aus heiterem Himmel.

Uns traf er nicht. Wir sind noch einmal davongekommen.

Zuckerwatte

Nährend ist es, wenn man glaubt, dass es das in der Bibel erwähnte Manna ist. Es fällt morgens wie Schnee und sieht auch so ähnlich aus. Der Mensch kann sich in schlechten Zeiten überbrückend davon ernähren. Keiner weiß, was das eigentlich ist. Und vor meiner Haustür im Norden Europas gar nicht denkbar. Aber an einem Morgen sonnabends bei Sonnenschein im Frühling war alles weiß. Weg und Kreuzung voll damit. Viel zu früh für Espenwolle.

Fassungslos stand ich vor diesem »Maischnee«, der nur ein paar hundert Quadratmeter bedeckte. Er roch nach nichts. Mutig leckte ich daran. Wohlig schmeckte es. Etwas süß.

Um die Mittagszeit war nichts mehr davon da.

Der trockene Zweig

Wie viel Freude hatte es mir gemacht, den ganzen Vormittag bei schönem Wetter den Garten herzurichten. Das Gras zu mähen Bohnen zu säen und Beete vom Unkraut zu befreien. Kartoffeln, Zwiebeln und dicke Bohnen zeigten schon junges stattliches Grün. Nach dem späten Mittagessen zog mich die Sonne aus dem Haus. Der Garten mit seiner jungen Pracht unterstützte meine innere Zufriedenheit.

Es war der achte Mai und die grauen düsteren Gedanken hatte mir schon der Frühling gestohlen. So ein Glück. ›Geh ruhig noch einmal raus und sieh nach dem Beet vor dem Haus.‹ Voller Erwartung dort etwas Keimendes zu entdecken, bewegte ich mich dorthin. Nein leider nichts.

Als ich in Richtung der Hinkelsteine blickte, die von mir etwa neun Meter entfernt standen – sie sind ein alter Wegweiser zwischen Neubrandenburg und Stettin –, näherten sich fünf Autos und hielten in der Nähe der Steine. ›Hier hält doch sonst niemand. Vielleicht mal die Post oder ein Zeitungsbote.‹ Gespannt war ich, was diese Fahrzeuge in meiner unmittelbaren Nähe zum Stehen gebracht hatte. Autotüren gingen auf und dreizehn Menschen im Alter von etwa fünfzig Jahren stiegen aus. Sie redeten nicht Es gab keinen Ton, kein Wort. Kein Geräusch störte. Kein Taktor, kein Flugzeug war zu hören. Nicht einmal ein Vogel sang.

Elf Frauen und zwei Männer gingen zu dem Wegweiser und stellten sich im Halbkreis um diese Stätte auf. Es umgab nun eine atemberaubende Stille diesen Ort. Die Nummernschilder der Fahrzeuge verrieten, dass sie aus den verschiedensten Städten Deutschlands kamen. ›Was machen die denn hier?‹, fragte ich mich. Und obwohl ich nur vier Meter von diesen Leuten entfernt stand, schluckte ich meine Frage, die ich an sie richten wollte, herunter. Still beobachtete ich das Ganze. Einer der Männer hatte einen trockenen Zweig, der wohl störte, von der einen Seite auf die andere Seite der Steine befördert. Nach zehn Minuten war der Spuk vorbei und ohne ein Wort zu sprechen, verschwanden sie wieder in ihren Autos und fuhren davon. Mir war so, als wenn es nicht einmal ein Geräusch gab, als die Autotüren geschlossen wurden.

Meine Frau kam gerade vom Walking zurück und fragte, ob ich Besuch hatte. Sie hatte das letzte Auto um zehn Minuten nach vier wegfahren sehen. »Nein, kein Besuch«, sagte ich.

›Keiner hat etwas gesehen – keiner hat etwas gehört. Nur ich? Habe ich das geträumt? Schau doch mal nach. Es müssen doch Spuren im Sand, Gras oder sonstwie vorhanden sein.‹ Nein keine Spuren.

Nur der trockene Zweig lag an der Stelle, wo der Mann ihn abgelegt hatte.

Die nächste Seite ist leer!

Dennoch erhebt diese Seite den Anspruch, voll beschrieben zu sein. Schau auf diese Seite! Alle deine Geschichten, die du je erlebt hast, stehen darauf. Auch was du dir gewünscht hast. Dann deine Gefühle, die in deinem Leben eine große Rolle gespielt haben und durch angenehme oder auch unangenehme Ereignisse hervorgerufen wurden. Wünsche, die du hattest, und auch dein Flehen nach Veränderung oder Erfüllung steht darauf geschrieben. Freude und Leid sind unauslöschbar dokumentiert. Was man dir angetan hat, ist unterstrichen. Was du anderen angetan hast, ist auch da, aber dir fehlt dieser Satz, weil du ihn ja kennst und nicht nachlesen willst. So sind die Buchstaben klein oder groß, rund oder eckig. Manche sind so markant, dass es dich fast erschlägt, wenn du sie anschaust. Manche sind mit einer Kolibrifeder geschrieben. So fein, dass du unbedingt jedes Wort erkennen willst und mehrfach liest. Sichtbar ist auch nur ein Teil des Geschriebenen.

Wenn du dir Zeit nimmst, ist alles erkennbar.

Lesen musst du allerdings selber.

Zarnowitzer See

Leer ist das Blatt aus Papier, das meine Geschichte aufnehmen soll. Schreiben muss ich sie schon selbst. Niemand kann aus diesem Anfang auf das Ende schließen. Sie ist aber beendet und gehört der Vergangenheit an. Den Zarnowitzer See gibt es noch. Ein Traum hat mir mit zwingender Leichtigkeit diesen Namen suggeriert. Auf einer Landkarte habe ich ihn in Polen entdeckt. Nun weiß ich, dass es ihn gibt. Da war ich noch nie. Ausrichtung, Breite und Länge sind etwas, was ich mir gut vorstellen kann. Aber wie sind seine Ufer beschaffen? Feld, Wiese, Weide und Feld sind gut vorstellbar. Ist es dort flach, hügelig oder sogar bergig? Ich weiß es nicht. Auf der Landkarte entdeckte ich auch Dörfer und Städte, die mir aus Dokumenten meines Vaters bekannt waren. In dieser Gegend wurde er geboren, ist dort zur Schule gegangen und hat dort bis 1920 gelebt. Aber nicht in Zarnowitz.

Im Traum bin ich 1995 zusammen mit meiner Mutter dorthin gereist. Ruhig und relativ schnell sind wir gefahren. Ohne Geräusche. Vielleicht sind wir dicht über dem ebenerdigen Weg geflogen oder mit einem Elektromobil gefahren. Ein unglaublich starker Wunsch hat uns durch den großen buschigen Wald gleiten lassen. Zu sehen waren nur mittelstarke, kreuz und quer stehende Stämme. Zwischen den unteren Stämmen, die teilweise mit Strauchwerk verdeckt waren, und dem belaubten oberen Teil konnte ich immer wieder helle Fetzen von sonnigen Wiesen oder Weiden erkennen. Zeit und Schnelligkeit der Fahrt ließen gefühlte acht Wegkilometer zu.

Als der Buschwald aufhörte, tauchte links ein kleines einstöckiges und gleich daneben ein ärmliches, katenähnliches Haus auf. Geradeaus lag ein langgezogener See, eingebettet in maigrüne Farben. Angenehm fiel die flache Böschung zum Wasser ab. Keine Wellen oder Kräuselungen waren darauf. Rechts von mir verlief das resedagrüne Ufer noch ein Stück weiter, um nach einer ellipsenartigen Kurve in das gegenüberliegende Ufer aufzugehen. Keinen üblichen Streifen aus Sand oder Steinen konnte ich am Ufer ausmachen. Es war mehr ein Übergang vom Grün zu einem Wasser, das eine hellere Farbe hatte – milchig grüngelblich. Auch waren keine Vögel da, die hier vielleicht die Umgebung hätten lebhaft gestalten können.

Mit meiner Mutter und dem überaus starkem Wunsch, hier an diesem Ort bleiben zu können, stand ich nun da.

Endlich, nach längerem Warten, kam eine kleine dickliche Frau aus dem kleinen katenähnlichem Haus. Auf ihrem Weg zum Ufer bemerkte sie uns. Nicht sehr erfreut, eher mürrisch, fragte sie uns, was wir hier wollten. Ich sagte ihr, dass wir hier bleiben wollten.

»So geht das nicht!«, sagte sie und verschwand in dem etwas größeren angrenzenden Gebäude. Nach einer Weile kam sie mit einer schlanken, um mindestens einen Kopf größeren Frau wieder heraus. ›Sie muss um die 55 sein‹, dachte ich. Eine ganz einfache, in Graublau gekleidete Frau. Glatt abfallend war ihr Kleid. Keine Vermutung auf eine Figur darunter zulassend. Es war kein Bügel im Oberteil. Aber es wäre auch nicht aufgefallen, wenn einer drin steckte. Der Saum begrenzte das Kleid unterhalb der Knie. Schöne Unterschenkel kamen darunter hervor, wenn nur ihre mittelgraue Farbe nicht mit deutlich erkennbaren roten, aber nicht erhabenen Adern durchzogen gewesen wären. Die Adern verzweigten sich in viele kleine gleichfarbige Äderchen runter bis zu den Füßen. Die Hände waren schlank, aber in der Art und Farbe nicht anders als die Beine. Am deutlichsten war das im Gesicht. Eine große rote Ader verlief durch das Grau ihres Gesichts. Unter dem Haaransatz rechts oben beginnend verzweigte sie sich dann wie eine Wurzel über die Augenpartie. Dann über Nase, Mund und Kinn nach links unten bis zum Hals. Ich wusste: ›Das war die Knochenfee.‹

Mein Wunsch, hierzubleiben, war größer als eine Furcht vor diesem Wesen. Sie musterte uns. Mit starrer, uns beherrschender Mine fragte sie:»Was wollt ihr hier?«

Ruhig, aber bestimmt sagte ich:«Bleiben – hierbleiben.« Eine schwere Dringlichkeit war im Ton meiner Worte erkennbar. Irgendwie hatten meine Antwort mit der Ausstrahlung ihres Gesichts etwas Gemeinsames.

Verstehend musterte sie uns gemeinsam und dann abwechselnd. Darauf sagte sie zu mir:»Du nicht du musst zurück.« Zeigte dann auf meine Mutter und sagte:»Du darfst dich da hinhauen.« Wobei sie eine grasige Stelle am Ufer des Sees mit ausgestreckter Hand zeigte.

Ohne ein Wort setzte sich meine Mutter langsam, diesen Punkt ansteuernd, in Bewegung. Dort angekommen legte sie auf diese Stelle. In gespannter Ruhe verfolgte ich den Vorgang. In völligem Mangel von sonst so starken Empfindungen war mir es nicht möglich, eine Bewertung dieses Vorgangs zu fixieren. Ohne Übertragung meiner Augen an mein Gehirn etablierte sich der Vorgang in meinem Gedächtnis. Nach kurzer Zeit unterschied sich diese Stelle durch eine eher bräunliche Farbe mit einer noch erkennbaren Silhouette einer menschlichen Gestalt, die immer flacher wurde. Das Erhabene verschmolz mit dem Untergrund und war bald nicht mehr wahrzunehmen. Nach einer Weile war da nur noch ein länglich brauner Fleck, der langsam grau, dann gelbweißlich wurde. So wie ich noch immer – ohne Regung – auf diesen Fleck schaute, bemerkte ich, dass das ganze Ufer und die Böschung mit solchen Flecken übersät war. Versunken in Traurigkeit, dass ich hier nicht bleiben durfte, starrte ich auf diese Flecken, die sich langsam zum Wasser hin bewegten. Dort angekommen verloren sich Form und Farbe der Flecken und verschmolzen mit dem Wasser des Sees. Ganz langsam floss er in Richtung Norden und mündete wohl in ein milchiges, in Blaugelbem liegendes Meer. Als solches war es aber nicht klar zu erkennen. Es gab nur ein dunstiges Etwas, was man als großes Gewässer ohne Ufer und Wellen, aber mit viel Vorstellungskraft doch als Meer bezeichnen könnte. Es lag weit weg und mir war, als würde es sich immer weiter entfernen.

Ebenso wie ich mit meiner Mutter gekommen war, kehrte ich alleine zum Ausgangspunkt zurück. Ich musste ja; ich durfte doch nicht bleiben.

Dann wachte ich auf, ging ins Badezimmer, putzte mir die Zähne, wusch und rasierte mich.

Wie jeden Morgen gab es Frühstück. Nach dem Frühstück nahm ich meine Aktentasche, verstaute meine Brote darin und ging zur Arbeit. Erst mit dem Bus zur U-Bahn dann ein Stück zu Fuß. An meinem Arbeitsplatz angekommen, fing ich sofort an zu arbeiten wie immer. Es war ein guter Arbeitsanfang. Nach der Zehn-Uhr-Pause schaffte ich mein Arbeitspensum genauso gut und ohne Probleme wie davor. Um 11.30 Uhr rief mein Schwager Klaus an. Man rief mich zum Telefon. Klaus teilte mir mit, dass meine Mutter verstorben sei. Ich erinnerte mich an meinen Traum.

Es durchzuckte mich.

Dann antwortete ich ruhig und war davon überzeugt, dass er mein kleines Zögern im Gespräch nicht bemerkte. Ohne Rührung legte ich den Telefonhörer wieder auf. Im Stillen sagte ich zu mir: »Ja, ich weiß, der Zarnowitzer See.«

Wie eine große Welle kam danach die Trauer. Die Dünung davon empfinde ich heute noch in meinem Herzen.

Du bist nicht mehr da

Du bist nicht mehr da
Nun bin auch nicht mehr der, der ich mal war

Hast mich in schmerzhaften Wehen geboren,
dann mich zu deinem Lieblingskind erkoren

Hast mich zum Glauben gedriftet
Hast meine Augen und Ohren für die Umwelt geliftet

Warst bei meinem Lernen und Lesen
mit hilfreicher Hand dabei gewesen

Hast mich über die Pubertät geschoben
und manchmal mahnend den Finger gehoben

Hast mich für Arbeit und Schaffen gerüstet
Hab mich mit dem Ergebnis gebrüstet

Hab mir dann eine Frau genommen
Sie hat für mich Kinder – für dich Enkel bekommen

Hab dich in Krankheit und Alter begleitet
hoffentlich habe ich dir auch mal Freude bereitet

Jetzt bist du aber nicht mehr da
und meine kleine Welt ist nicht mehr so, wie sie einst war

Ein Teil des Weges

Walking – von hier nach Lindhorst und zurück. In stolzen 42 Minuten habe ich diese sechs Kilometer geschafft. Ohne Blick nach rechts oder links, nur geradeaus, aber immer genau mittig auf dem Weg. Volle Konzentration, dass die Füße richtig gesetzt werden. So kann man nur sehen, was genau direkt vor einem auftaucht. Grasnarben, Stöckchen und von den Landmaschinen verlorene Schrauben oder andere Metallteile, die sich nun auf diesem sandigen, mit Steinen und Steinchen durchsetzten Weg langsam, aber sicher eingraben. Manche waren schön silbrigblank, weil immer wieder Fahrzeuge darüber fuhren. Und hier noch so ein Ding. Ein kleiner Katzenkopf – ein Stein. »Ja, da hat bestimmt ein Kind einen Kreidestrich draufgemalt. Ein paar Tage später nutzte ich diesen Weg, um spazieren zu gehen. Jetzt öffnete sich die Möglichkeit, links und rechts die schönen Farben der Felder und Wiesen zu betrachten und auch mal nach oben zu sehen. Aber die Klamotte mit dem Kreidestrich war immer noch da. Wieder Walking. Wieder der bemalte Katzenkopf. Immer mittig auf dem Hinweg und zurück. Aber heute keine so gute Zeit.

Nach ein paar Tagen, an denen es durchweg geregnet hatte, führte der fällige Spaziergang genau wieder diesen Weg entlang. Na, da war er wieder – der bemalte Stein. Wunderschön war es nach diesem Regen. Das satte Grün und die weite Sicht über die Umgebung. Duft und Farben – einfach herrlich. Dieser kleine Felsenrest stellte sich auf dem Rückweg wieder trotzig in den Weg. »Nun reichts! Du müsstest doch längst durch den langen Regen wieder blitzblank gewaschen sein.« Kreide, dann Regen und doch noch farbig? »Hier stimmt was nicht!« Jetzt wollte ich es wissen. Mein Gedanke: »Katzenkopf ausgraben und mitnehmen.« Mit dem dürftigen Werkzeug – einem Taschenmesser – dauerte das Ausbuddeln ganz schön lange. Zu Hause: Rein damit ins Wasser und mal sehen, warum die Kreide nicht abging. Putzen, Schrubben und vom Dreck, Sand und Lehm befreien. Nein! – Das ist ja keine Kreide, auch keine Farbe. Die Eiszeit hat ihn den langen Weg, den er machte, dort hingetragen und abgelagert, an dem ich ihn fand. Im Stein war ein Fossil sichtbar und noch drei weitere Einschlüsse. Wie lange war er schon ein Teil des Feldweges? War er denn nicht auch immer ein Teil meines Weges? Er im Weg, ich auf dem Weg? Bei mir zu Hause hat er nun einen neuen Platz in einer Blumenschale gefunden. Er wird mich auf meinem weiteren Lebensweg begleiten und es wird auch ein Teil seines Weges sein.

Er wird mich überdauern und dann wieder alleine seinen Weg fortsetzen müssen.

Eine Urlaubskarte

Nichts ist unangenehmer als eine grundlegend zerstörte Erwartung. Sonnig und angenehm windig sollte es sein. Nein – der Flieger konnte kaum landen. Es regnete in Strömen. Mein geöffneter Schirm flatterte und verbog sich. Eine unangenehme Schwüle begleitete uns bis ins Hotel. Die erwartete Ruhe nach einem anstrengendem Reisetag erwies sich als hinfällig. Dauernd war im Minutenabstand ein elektronischer Ton zu hören. Ob du im Hotel, in deinem Zimmer oder im Freien warst, du konntest ihm nicht entkommen.

Der Stuhl auf dem Balkon des Hotelzimmers war leicht an das große Fenster angelehnt. Hier erhoffte ich ein wenig Erholung. Doch die Meeresbrandung, die unten an den Fels schlug, auf dem das Hotel gebaut wurde, war so laut, dass eine Erholung nicht möglich war. Ich spürte ein ständiges Vibrieren, das vom Fenster über den Stuhl mich erreichte. Besser war es, wenn ich den Stuhl vom Fenster wegrückte. Es war nicht die starke Brandung, die das ganze Hotel zum Zittern brachte, sondern kleine Erdstöße. Der elektronische Ton war die Warnung vor Erdbeben. Heute am vierten Tag meines Aufenthalts hat sich das Wetter noch nicht beruhigt. Ein Gewitter folgte dem anderen. Nachts sah man über dem Meer Wetterleuchten. Ein seltenes Schauspiel. Ja, die Ausläufer von »Sandy« waren bis hierher zu spüren und noch nicht vorbei. Trotzdem war ich bei kurzem Sonnenschein im warmen Meer baden. Ich war dem tristen Alltag entflohen und kam mal aus der Enge der häuslichen Gedanken heraus.

So war es eine Reise zu einer anderen Sichtweise der Dinge.

Eine Weihnachtskarte

Gesegnete Weihnachten
beinhaltet auch ein Geschenk Gottes:

»Das Vergessen«

Es räumt das Herz auf und befreit es von dort manifestierten Dingen wie Hass, Wut, Verbissenheit, Trauer und Ängsten. Auch das Nachtragen, das immer zu neuem Streit Anlass gibt, wird entfernt. Nachdem alles raus ist, entsteht viel Platz für Zufriedenheit und innere Freude. So wie ein kleines Kind wirst du dann andere anstrahlen und sie werden mit ihrem Lächeln danken. Nun kannst du feiern und die Weihnacht macht Sinn. Bewahre dir deine innere Freude und deine Zufriedenheit mindestens bis zur nächsten Weihnacht und erneuere alles wieder falls notwendig.

In diesem Sinne wünsche ich dir gesegnete Weihnachten,
  Ullrich

© Irene Schlicker, Dennoch Verlag 1961

Mein Gegenüber ist nicht mehr da.
Nun bin ich nicht mehr der ich mal war.
Hat er nicht mal mein Gebäude gerettet?
Hat er nicht mal meinen Absturz auf Daunen gebettet?
Für mich mal ein Gebet gebetet?
Für mich mal ein Lebensloch gelötet?
Er war für alles einmal da.
Das ist nun vorbei und war alles wahr.
Er ist einfach nicht mehr da.

Britschke

Die etwas größeren Kinder sammelten sich nach dem Frühstück immer auf der Straße. Bis ein einigermaßen großer Trupp zusammen war, hockten sie am Rinnstein und warteten auf Nachzügler. Britschke war immer einer der Letzten. Dann ging es auf Abenteuer. Heute war das Ziel »Karussell« fahren. Bei der stillgelegten Panzerfabrik stand so ein »Karussell«. Nun ging es die Straße lang bis zur Eckruine, wo sie sonst immer spielten. Balancieren auf den obersten noch stehenden Mauern oder sogar Kopfstand darauf machen. Heute aber rechts rum und über die Schuttberge in Richtung der Querstraße, in der die Fabrik lag. Links mussten sie abbiegen und dann noch etwa dreihundert Meter laufen. Neben der Fabrik war das »Karussell«, gleich neben einer in Schutt gelegten, kleinen Badeanstalt. Das große Spielzeug war eine Vierlingsflak, die nach dem Krieg noch immer nicht abgebaut und entfernt war. Ein paar vom Trupp durften »Karussell« fahren, die anderen mussten Räder kurbeln, so dass sich das ganze Ding in Bewegung setzte und die vier Geschütze sich rauf und runter bewegten. Ein Spaß für die, die noch niemals auf einem Jahrmarkt waren und dort ein richtiges Karussell gesehen, geschweige mal damit hatten fahren dürfen.

    Nach einiger Zeit waren auch andere Kindertrupps da, die auch mal dieses Spielzeug nutzen wollten. Der Trupp um Britschke herum hatte genug gedreht und gekurbelt. Und so verzog sich Britschkes Haufen auf den Gleisen, die seitlich mit Sauerampfer bewachsen waren, in Richtung Waggon- und Munitionsfabrik. In Höhe der Azetylenfabrik zur linken Seite, die 1927 in die Luft flog und mit den explodierenden Gasflaschen noch einen Teil Reinickendorfs beglückte, machten sie Halt. Hier standen auf einem Nebengleis kurz vor der Straße ein paar zerschossene Güterwagen, die den Weg überqueren mussten, um in das Werk zu gelangen. Diese Loren eigneten sich hervorragend, sie spielend zu erobern und alles an ihnen zu untersuchen. Die Ölkästen an den Achsen gaben so manchen spannenden Inhalt preis. Heute waren es Patronen für Pistolen. Die Güterwagen hatten Bremserhäuschen. In einem dieser Häuschen fand Ingo einen Farbtopf mit roter Ölfarbe und Pinsel dazu. Mit diesem Schatz fing Ingo sofort an, ein Bremserhäuschen zu verschönern. Britschke sah das und pinkelte ihm in den Farbtopf. Er meinte, er dürfe das und es wäre egal, ob die Farbe dann noch brauchbar war oder nicht. Von Vater Britschke war er so erzogen, dass er das machen durfte – und dann war es gut so. Und so machte er das, was ihm gerade in den Sinn kam. Sein Vater bläute ihm ein, dass das dann gut so wäre und er sich ja durchsetzen müsse. Der Vater war ein »Macho«. Was er machte, hatten andere hinzunehmen. Und so baute er aus geklauten Brettern, auch aus Ruinen, seinen Balkon zu einem kleinen Raum um. Erlaubt war das nicht. Seine Frau, mit klugen Gehirnzellen dünn besiedelt, machte alles, was Vater Britschke wollte. Sie war folgsam, sauber und fleißig. Eine Schwester hatte Britschke auch. Dem Ingo gefiel nicht, dass Britschke ihm die Farbe versaute. Er wollte damit auch den Gartenzaun streichen. Er krallte sich Britschke und malte mit der »Pissfarbe« seinen Schniedel und das Drumherum an. Britschke kam nun mit seinem Malheur nach Hause. Die Kinder auf der Straße spielten noch mit der Pistolenmunition. Wenn man mit einem Stein darauf schlug, knallte es so schön. Die weißen Stäbe, die sie von den Russen erhielten, wenn sie ihnen Flakgranaten brachten, gab es nun nicht mehr. Das war auch ein feines Spielzeug. Eine Zigarrenkiste voll damit wurde in einen Sandhaufen eingegraben, eine Lunte aus den Sprengstoffstäben gelegt und angezündet. Es zischte eine Weile bis das Feuer die Kiste erreichte. Dann machte es »buff« und ein wenig Sand wurde zu einer kleinen Wolke, und dann war es vorbei. Die Kinder wussten genau, wie die

Munition liegen musste, damit nichts passierte. Nur einmal hat das herausfliegende Projektil als Querschläger die Wade von »Biene« gestreift. Das musste versorgt werden, war aber keine so große Verletzung, wie sie passierten, wenn größere Kinder sich mit den Pflastersteinen aus den Gehwegen bewarfen. Hier waren die Schäden oft schlimmer und der Arzt musste helfen.

Das Knallen mit der Munition war vorbei und Ingo zu Hause. Es dauerte nicht lange, da rief es laut vom Damm vor unserer Haustür: »Frau Mosner, schauen Sie sich das an! Das hat Ihr Sohn gemacht!« Ingos Mutter machte das Fenster auf und sah mitten auf dem Fahrdamm Frau Britschke mit ihrem Sohn stehen. Alle Fenster in der nahen Umgebung wurden geöffnet und die Neugier der Nachbarn wurde befriedigt. Britschke stand mit heruntergelassener Hose da und präsentierte seine mit Farbe verzierte Blöße. Es hatte etwas von einer Zimmertür, die teilgestrichen und deren kleiner Türdrücker mit bemalt wurde. Ingos Mutter schloss das Fenster und ließ die beiden einfach stehen.

Am nächsten Tag rannte Frau Britschke zum Pater »Kuratus« und klagte dem Pfarrer ihr Leid. Sie hätte doch nichts, mit dem man die Ölfarbe beseitigen könne. Kein Terpentin oder Verdünner. Mit der Sandseife, die als einziges Reinigungsmittel zu haben war, konnte man kaum die Hände sauber bekommen und nur die Haut aufscheuern. »Sie müssen den Ingo bestrafen.« Sie wusste, dass der Ingo Ministrant war und hoffte darauf, dass der Pfarrer ihm gehörig den »Marsch« blasen würde. Die ruhige und besänftigende Hand des Mannes bewirkte, dass sie einigermaßen zufrieden nach Hause ging.

Als Vater Britschke davon erfuhr, war er außer sich. »Dem gehört eine gehörige Abreibung!«, schrie er. Nach einiger Zeit hatte sich die Haut von Britschkes Körper der nunmehr trockenen Farbe entledigt. Aber Vater Britschke sann auf Rache. Er wusste, dass Ingo abends nach dem Gottesdienst nach Hause kommen musste. Und seine Mutter hatte ihren Mann im Krieg verloren. Was sollte ihn denn davon abhalten, den Ingo gehörig zu verprügeln? »Das mach ich jetzt so und dann ist's gut«, sagte er zu sich. Er lauerte Ingo hinter dem Gebüsch des Vorgartens auf. Als der Junge im Dunkeln erschien, sprang Vater Britschke aus seinem Versteck hervor, griff sich den Ingo und schlug ihn zusammen. Ingo blieb liegen. Es war so schlimm, dass ein Notarzt nötig gewesen wäre. Zu der Zeit gab es aber keinen. Einige Nachbarn trugen ihn in die Wohnung seiner Mutter und halfen ihr mit den wenigen Mitteln, die da waren, das Kind »ärztlich« zu versorgen. Aus Kopfkissen wurden Verbände gemacht. Der Eine brachte etwas Jod und der Andere eine undefinierbare Salbe. Frau Leymann aus dem ersten Stock des Nachbarhauses hatte alles mit angesehen. Am nächsten Tag verbreitete sich dieses Ereignis im ganzen Wohnblock. Britschke wurde von den Kindern aus ihrer Mitte verbannt. Vater Britschke musste seinen Balkonaufbau abreißen, weil man den Verwalter auf die Untragbarkeit dieses Eigenbaus hinwies. Mit Frau Britschke sprach keiner mehr. Ihre Freundin mied sie nun auch noch. Keiner wollte noch mit dieser Familie etwas zu tun haben. Und so lebte diese Familie noch einige Zeit von den anderen gemieden in diesem Wohnblock. Dann zogen sie weg. Niemand fragte danach, wo sie denn abgeblieben wären.

Gerüchte besagen, dass Frau Britschke noch in jungen Jahren an Krebs erkrankte und bald darauf starb. Britschke hatte weder im Beruf noch mit Frauen Glück. Hielt sich nur noch in Kneipen auf, bis der Alkohol ihn hinraffte. Die Tochter hinterließ keine Spur. Vater Britschke lebte am längsten und durfte den Zerfall seines Körpers bei vollem Bewusstsein miterleben. Dann kam der Tod und sagte zu ihm: »Ich hol dich jetzt und dann ist's gut.«

Meta und Luzie

Nachbarn waren sie im gleichen Wohnblock. Eine im zweiten Stock ein paar Aufgänge weiter als die andere, die im Parterre wohnte. Luzie gebar 1941 ihr drittes Kind. Eigentlich war es schon ihr fünftes. Ihr erstes Kind hatte das erste Vierteljahr nicht überlebt. Dann kam eine Totgeburt. Nun war sie mit drei Kindern alleine. Der Vater musste an die Front. Nach den Strapazen der Geburt machte sie das, was sie gelernt hatte, und frisierte im Wohnblock einige Frauen. So lernte sie Meta kennen. Eine Frau mit Hüftschaden. Sie humpelte sehr stark und war mit Erich verheiratet. Das Paar hatte keine Kinder. Die Wohnung bekamen sie nur deshalb, weil sie noch ihre Mutter zu sich nahmen. Metas Zuhause war blitzsauber und immer aufgeräumt. Kein Stäubchen ließ sie zu. Selbst dem Kohlenkasten in der Küche sah man nicht an, dass er jemals mit Holz oder Kohlen zu tun hatte. Es blieb nicht bei dem kleinen Obolus für das Frisieren. Es wurde auch über das eine oder andere getratscht. Wenn es um Lebensmittelkarten ging, schacherten sie schon mal um die eine oder andere Marke. Die eine brauchte was für die Kinder, die andere was für ihren Mann. Und so waren beide zufrieden. Sie gingen auch zusammen einkaufen, auch bei dem Metzger, der immer einen Finger oder den Daumen zum Fleisch mitwog. So entstand eine Freundschaft.

Luzie wurde mit ihren Kindern evakuiert, weil der Krieg immer näher kam und Familien bedrohte. Erst eine Weile in die Nähe von Königsberg und dann 1944 in das Warthegau. In einer unruhigen Nacht träumte sie von der heranrückenden russischen Armee. Am Morgen packte sie ihre Siebensachen, nahm ihre Kinder und machte sich nach Berlin auf. In Frankfurt an der Oder musste der Zug zwangsweise halten. Von hier aus konnte man schon über Berlin einen Feuerschein sehen. Berlin brannte. Große Sorge befiel sie! Wird es ihre Wohnung noch geben, wird das Haus noch stehen? Wo kommt sie mit ihren drei Kindern unter? Der Zug fuhr nun weiter und erreichte nach noch weiteren Pausen Berlin. Die S-Bahn brachte die Familie bis in die Nähe ihres Wohnortes. Ein Pferdefuhrwerk nahm sie mit bis in die Straße, wo sie wohnte. Aufgeregt sah sie nach dem Haus. Es stand noch und war nicht ausgebrannt. Erleichtert betrat sie ihre Wohnung und schlief erst einmal richtig aus.

Am nächsten Tag traf sie Meta beim Einkaufen. Meta informierte Luzie darüber, dass der Mangel in den Geschäften eingezogen wäre. Geld und Marken waren nicht mehr so gefragt. Man bekam nur noch das Allernötigste. Aber schön sein wollte Meta schon. Und so verabredeten sie für den nächsten Tag einen Frisiertermin. Am nächsten Morgen um neun Uhr stand Luzies Nachbar vor ihrer Tür und bat darum, einen Bunker in ihrem Garten bauen zu dürfen. Sie willigte ein. Um zehn Uhr war sie bei Meta, schwang die Effilierscheren. Meta bestellte Wasserwellen, genau so, wie sie jetzt bei den Schauspielerinnen modern waren, und erzählte von ihrer Mutter, dass sie nun von ihr gepflegt werden müsse, und von ihrem Erich, der nun täglich zwölf Stunden, auch sonnabends, Granaten drehen musste. Er wüsste nicht, dass er sich für die Machtgier einer einzelnen Person abplagte. Er wäre auch so krank und bekäme jetzt die Lebensmittelkarte für Schwerarbeiter.

Der Krieg kam immer näher und nach der Zwangsimpfung in der Schule konnte man den »Volkssturm« bei einer Übung vor der Schule sehen. Keiner von ihnen ahnte, dass sie den Mai nicht überleben würden. Der Gedanke an den Endsieg, der ihnen eingepflanzt wurde, war ihnen sicher. Die Bomben fielen nun immer näher an ihrer Wohngegend und die Bewohner flüchteten in die Luftschutzräume, die Bunker und Schulbunker. Nun fiel auch so manches Haus in Schutt und Asche. Seidlers kleiner Bunker in Luzies Garten war nur für eine Familie gedacht, aber dann wollten auch Meta und Luzie mit ihren Familien hinein. Erreichen konnte man den Schutzraum über ein großes Rohr mit innen gelegenen Leitersprossen. Er hatte zwar eine Belüftung und Licht, war aber mit der Anzahl der eingepferchten Personen überfordert. Es wurde sehr warm und die Luft knapp. Den Insassen stand der Schweiß auf der Stirn und immer, wenn eine Bombe in näherer Umgebung explodierte, zitterte der Bau gewaltig und der Schweiß tropfte den beängstigten Leuten von der Nase.

Meta und Luzie waren sich einig: Nie wieder würden sie dort hineinklettern. Sie hatten Angst, dass eine Bombe in der näheren Umgebung fallen würde, der Bau durch den Druck zusammenfallen und alle darin ersticken. Beim nächsten Bombenalarm suchten Luzie mit Kindern und Meta mit Mann und Mutter den öffentlichen Bunker auf. Auch hier drängten sich die Menschen hinein und brachten ihr Ungeziefer und Kankheiten mit. Wer noch gesund war und vom Ungeziefer noch nicht befallen war, erhielt das kostenlos auf diesem »Markt«. Luzies drittes Kind hatte sich dort die Masern »eingekauft«. In den Bunker konnte sie es nicht mehr mitnehmen. Sie hatte die Wahl, das Kind durch die Bomben oder durch Krankheiten aus dem Bunker zu verlieren. Sie entschied sich für die Bomben und ließ das Kind in der Wohnung. Und die Bomben fielen. Sie sollten die Produktionsstätten für Kriegsgerät zerstören. Doch die Piloten die diese Stätten verfehlten, warfen sie einfach irgendwo ab, weil sie mit den Bomben nicht zurückkommen durften. Und so fiel auch eine Bombe unweit Luzies Wohnung auf ein unbebautes Grundstück. Als Luzie nach Hause kam fehlten die Glasscheiben der Fenster und die Trennwand zwischen Küche und Wohn-/Schlafzimmer. Ein Haufen Schutt zierte nun die Wohnung. Wie könnte denn ihr »Jüngstes« das überstanden haben? Beruhigt war sie erst, als sie es in seinem Bettchen seelenruhig schlafend fand. Der Dreck in dem Bettchen war das kleinste Problem. Metas Wohnung war etwas weiter weg. Es fehlten nur ein paar Scheiben. Meta lief sofort zu Luzie, um aufzuräumen und – soweit es ging – Schäden zu beseitigen. Fenster und Türen wurden mit Pappe und Brettern verschlossen, das Glas aus der Urkunde ihres Mannes diente dazu, etwas Licht in den Raum zu bekommen. Luzie glaubte, ihr Mann wäre immer noch an der Front, bis die Nachricht kam, dass er schon seit mehreren Wochen in den Karpaten vermisst würde. Was nun? Ihre Sorgen wurden größer. Meta kam mit der Nachricht, dass ihre Mutter nur noch bettlägrig wäre und sie ganztägig Pflege brauchte.

Der Krieg ging langsam zu Ende. Die Sieger gingen durch die Wohnanlage und suchten Männer mit bestimmten Tätowierungen oder solche, die vermeintlich ihre Feinde waren. Sie nahmen das mit, was sie für wertvoll hielten. An erster Stelle standen Taschen- und Armbanduhren auf ihren Wunschzetteln. Frauen waren auch ihr Ziel. Meta und Luzie machten sich hässlich und dreckig und hüllten sich in Lumpen. Ein Soldat brauchte ein Fahrrad, entwendete das Rad von Luzies Mann und stellte dafür ein wer weiß wo geklaute Fahrrad mit einem »Platten« hin, welches wesentlich besser als Luzies war. Im Dorf und in der Umgebung lagen nun viele Leichen. An der Ecke lag ein erschossenes Pferd. Der Dorfmetzger war schon da und fing an, es in Teile zu zerlegen. Meta war eine der Ersten mit ihrem »Henkelmann« und wollte davon ein »Stickl« ergattern. In Minutenschnelle stand eine etwa dreißig Meter lange Menschenschlange an. Luzie war eine der Letzten und bangte darum, davon auch etwas abzubekommen. Was sie bekommen würde war ihr völlig egal. Hauptsache, man konnte daraus eine kräftige Suppe kochen.

Keiner wusste wohin mit den vielen Leichen. Neben denen, die im Dorf lagen, gab es noch viele zerfetzte Körper an den Kanalböschungen, die hier Minen zum Opfer gefallen waren. Nun war die Not groß, diese menschlichen Überreste irgendwo zu begraben. Die evangelische Kirchengemeinde ging zur »Kommandantura«, die in einer Eckkneipe eingerichtet war, und erklärte sich bereit, einen Teil ihres großen Grundstückes als Kirchhof bereitzustellen. Und so wurde alles, was in dieser Zeit an menschlichen Überresten anfiel, begraben. Auch unbekannte Tote und Leute, die sich durch Suizid einer Verhaftung entzogen hatten.

Bunker wurden nun nicht mehr gebraucht und Herr Seidler beseitigte den Bunker aus Luzie Garten. Mit der Ernährung der Menschen stand es ganz schlecht. Die Bewohner fingen an, die Vorgärten und die hausnahen Grünanlagen zu roden, um hier etwas Gemüse anzubauen. Meta schwatzte Luzie ein »Stickelchen« Land ab. Dort, wo vorher der Bunker war. Im Frühling 1946 war das »Stickelchen« von Meta kultiviert, besät und bepflanzt. Auch in den Vorgärten wuchs nun Gemüse. Es gab sogar ein paar Tabakpflanzen. In Metas Wohnung durfte man nur noch auf den Eimer oder Nachttopf gehen. Fleißig brachte sie die sich hier ergebenden Schätze auf das »Stickelchen« Land. Dort achtete sie akribisch darauf, dass jede Pflanze genug bekam, um gut gedeihen zu können. Luzie war neugierig und fragte: »Warum legst du die Exkremente so weit von der Pflanze entfernt in die Erde?« Sie antwortete: »Das holt sich der Kohl schon von dort.« In Luzies Beeten wuchs alles »duggenander«. 1946 wurde in den Gärten und Vorgärten und sonstigen Flächen gut geerntet. Auch hatten einige Wohnblockbewohner aus der nahe gelegenen Laubenkolonien Tomaten, Birnen und Äpfel ergattern können. Dann nahte der Winter und alles was an Gestrüpp, Büschen und Bäumen angefallen war, füllte die Keller. Es wurde eingeweckt und die getrockneten Tabakblätter mit Brotmaschinen zerschnitten, um etwas zum Rauchen zu haben.

Bei Luzie hat ein Maurer inzwischen die Trennmauer aus Schuttsteinen neu aufgebaut. Den Mörtel hatte er aus dem Dreck der alten Mauer herausgesiebt und mit angefallenem Abfallschlamm aus der Azetylenfabrik gemischt. Was anderes gab es nicht.

Der Winter war sehr früh eingezogen. Schon Anfang November fielen die Tagestemperaturen unter »Null«. Die Kinder bauten sich Schlidderbahnen, indem sie Wasser auf den Fahrdamm schütteten, das dort gefror. Abends hatte so eine Bahn weit mehr als zehn Meter Länge. Der Frost zog nun so richtig ein und das Heizmaterial in den Wohnungen wurde knapp. Strom gab es nur noch stundenweise.

Zu Weihnachten konnte die Stube nur bedingt erwärmt werden. Im Januar fror selbst der so stark fließende Kanal zu. Das Dorf fing an, Wärmehallen einzurichten. Luzie trommelte die Hausbewohner zusammen und empfahl, nur eine Wohnung zu heizen, wo sich tagsüber alle Mitbewohner aufhalten könnte. Das funktionierte. Aber die Abwasserleitung im Keller fror ein. Die beiden Klempner der Anlage bemühten sich, die Leitung wieder frei zu bekommen und schafften das sogar. Nach einer Stunde war sie wieder zugefroren. Das, was aus den oberen Etagen kam, tauchte bei Luzie wieder auf. Sofort rief sie die Aufgangsmitbewohner zusammen und bat, alle am Wasser angeschlossenen Becken und Wannen sowie die Toilette nicht mehr zu benutzen und alle Abwässer in Eimern zu sammeln und in ihren Garten zu bringen. Sie stieß auf Verständnis und so wurde ihr Garten zu einer Latrine. Auch in dieser kalten Zeit ging sie zu Meta, um sie zu verschönern. Ich durfte mal mit und Erich zeigte mir, wie stark er war. Dann wurde es mir langweilig. Erich schenkte mir ein paar Eisenpfennige und schickte mich in die Wärmehalle. Da könnte ich mich aufwärmen und mit den Pfennigen Pfennigschieben spielen. Das tat ich auch. Immer wenn ich mit meinem Pfennig einen Pfennig des Gegners traf, konnte ich beide Pfennige behalten. Ich habe nicht lange gespielt. Die Gegner trafen immer etwas besser. Luzies Ältester war immer neugierig unterwegs. Er musste mit seinen zehn Jahren den Mann im Hause vertreten. Einmal kam er mit ein paar Stücken Koks nach Hause. Das war bei dieser Kälte »schwarzes Gold«. Luzie brauchte davon noch mehr. Ihr Ältester sagte, dass hinter der Mauer noch ein ganzer Berg davon wäre. Aber er wäre dick zugeschneit und die Stücken festgefroren. Luzie ging in den Keller holte einen Hammer und sagte zu ihrem Sohn: »Hier, mit dem Hammer kannst du die Brocken lösen und dann bringst du sie mir.«

Der Sohn tat, was die Mutter von ihm verlangte, und so war es mit dem Spielen vorbei. Langsam füllte sich der Balkon mit dem schwarzen Gut und Stube und Küche wurden warm. Luzie gab Meta auch etwas ab. Allerdings mussten die Brocken zerkleinert werden, um sie in die Öfen zu bekommen. Bei Luzie musste ihr Sohn das erledigen. Bei Meta hat Erich diese Arbeit getan. Metas kranke Mutter konnte die Wärme dringend brauchen. Es wurde Frühling. Metas Mutter hat ihn nicht mehr erlebt. Erich wurde schwächer, musste aber trotzdem in die Fabrik, um die Maschinen für die Sieger zu demontieren. Der Arbeitstag wurde auch nicht kürzer. Meta bestellte wieder ihr »Stickl« Land in Luzies Garten. Nun blühte und grünte es überall. An Luzies »Latrine« wuchsen 98 Tomaten und teilten sich die gut gedüngte Erde.

Das anhaltend gute Wetter zwang Meta förmlich zum Hausputz. Der muffige Geruch aus dem Bett, in dem ihre Mutter lange lag, musste raus. Gardinen, Bett- und Tischwäsche wurden gewaschen. Etwas Waschpulver bekam sie auf Marken. Auch der aus Decken genähte Mantel musste an die frische Luft. Bei der Besichtigung der Matratzen fiel ihr auf, dass es darin krabbelte. Luzie wurde herbeigerufen. Sie erkannte die Krabbeltiere. Es waren Wanzen. Nun war Abhilfe gefragt und Meta bat Luzie, ihr ihren Staubsauger zu leihen. Mit dem Ding konnte man Staub aufsaugen und wieder in die Umluft abgeben, aber Wanzen aus Ritzen und Ecken entfernen konnte man damit nicht. Was nun? Ein Kammerjäger musste her. Der kam nur gegen Bezahlung mit Naturalien. Für viel »Schlusengeld« kaufte Meta Luzie einen Teil ihres gehorteten Zigarettenvorrat ab, mit dem sie dann die Arbeit des Kammerjägers bezahlte. Sie musste den Saum ihres Mantels auftrennen, um an das Geld zu kommen, mit dem sie Luzie bezahlte. Luzie setzte die 250 »Schlusenmark« in fünfzig Gramm Schokolade um. Um ein einigermaßen annehmbares Auskommen zu haben, frisierte sie nicht nur, sondern fertigte auch Taschen aus Binsen an. Die holte sie sich von der Sumpfwiese und besserte damit ihre Sozialhilfe auf. Die Taschen waren sehr gefragt, weil es keine gab.

Eines Tages kam ihr Sohn von einem Streifzug von der gegenüberliegenden Wiese und brachte eine rostige Schuhcremedose mit. Es klapperte darin. Luzie holte Hammer und Zange und bekam sie mit der Hilfe dieser Werkzeuge auf. Den Inhalt der Dose zeigte sie nun sofort Meta. Es waren Goldzähne, die den toten Freunden und Feinden ausgebrochen worden waren. Meta sagte: »Entweder hat das dort einer verloren oder es war einer, dessen letzter Speichel im Gras vertrocknet ist.« Am nächsten Tag musste Luzie sowieso zum Zahnarzt und nahm diesen Fund mit. Die Augen des Zahnarzt glänzten und er bot ihr sehr viel »Schlusengeld« für das Zahngold. Für »Schlusengeld« bekam man nichts Vernünftiges. Luzie sagte zu ihm: »Wenn Sie damit Ihre Patienten versorgen können, behalten Sie es.« Sie war froh, so etwas Makaberes los zu sein. Geld macht zufrieden, aber in diesem Falle kam ihr Seelenheil an erster Stelle.

Mit ihren Binsentaschen gingen Meta und Luzie einkaufen. An einem Sommertag im August 1947, sie gingen vom Lebensmittelladen in Richtung Kuhstall, lag da in der Einfahrt zu einer Spedition ein verrottetes Arbeitertaschentuch. Luzie hob es sofort auf. Meta war wegen ihrer Behinderung nicht so schnell, bekräftigte aber ihren Anspruch darauf. Schließlich hätte sie es ja zuerst gesehen. Luzie gab es ihr widerwillig, ging dann alleine nach Hause. Nach einer Stunde stand sie vor Metas Tür. Als diese öffnete, sagte sie laut mit barschem Ton: »Und dass du es weißt, das Stück in meinem Garten kannst du noch abernten, dann aber nicht mehr neu bestellen.«

Auf der Stelle wurde aus einer guten Nachbarschaft eine Schlechte. Aus einer lange durch Dick und Dünn gewachsenen Freundschaft eine Feindschaft. Auslöser war ein dreckiger Pfenigartikel. Im Oktober starb Erich. Das Herz wollte nicht mehr. Nach einiger Zeit näherten sich die beiden Frauen wieder an, aber was da mal war, kam nie wieder.

Das Schulheft

»Vater, ich habe Mist gebaut.« Reuig berichtete der Sohn Mark dem Vater das.
»So«!, sagte der Vater. »Was hast du denn gemacht?«
Mit geneigtem Kopf antwortete der Sohn: »Ich habe mich mit dem Uwe geprügelt und ihm vor Wut sein Schulheft zerrissen.« Einen Augenblick lang sah der Vater etwas streng in das Gesicht seines ängstliches Sohnes. Nach zeitschindendem Luftholen sagte er: »Es ist gut, dass du mir das gleich gesagt hast.«
Der Sohn war froh, dass der Vater nicht schimpfte und nach dem Hergang fragte. Stumm und erleichtert verfiel der Sohn gleich in einen sinnvollen Aktionismus. Er packte seine Schulsachen am großen Tisch aus und fing an, seine Hausaufgaben zu machen. Seine Stifte waren schreibbereit, als es an der Tür Sturm klingelte. Der Vater öffnete. Die Tür war gerade ein Spalt offen, da schrie es ihn an: »Ihr Sohn Mark!« Uwes Vater trat unaufgefordert ein und platzierte sich am kleinen, nebenstehenden Tisch. Der Vater setzte sich dazu. Ehe sein Hintern den Stuhlsitz erreichte, blies sein »Gast« seine Backen auf. Sein Gesicht erreichte höchste Röte. »Dieser Nichtsnutz!«, schrie er. »Hat wütend meinem Sohn Uwe das Schulheft zerrissen. Sie müssen ihn gehörig dafür bestrafen. Links und rechts gehören ihm ein paar hinter die Ohren! Den Hosenboden strammziehen und den Rohrstock heftig darauf tanzen lassen – das täte ihm gut. Mein Sohn bekäme Hausarrest und müsste sofort ins Bett. Abendbrot bekäme er auch nicht. Zucht und Ordnung müssen doch wieder hergestellt werden.« Seine fallbezogenen, wütend vorgetragenen Vorschläge zur Erziehung von Söhnen endeten erst, als

er sein komplettes Repertoire ausgeschüttet hatte. Nun fanden seine Backen wieder zum Normalzustand zurück. Sei hochrotes Gesicht, das vorher einen nahenden Herzinfarkt vermuten ließ, wurde nach und nach blasser und nahm eine normale Farbe an.

Angestrengt aufmerksam hatte Marks Vater die Ausführungen von Uwes Vater verfolgt. Ihm währenddessen geradewegs ins Gesicht geschaut und die Ausrichtung seines Kopfes nicht um einen Grad geändert. Mit einer Arschruhe zeigte Marks Vater ihm, dass sein Gesagtes Gehör fand. Der Atem seines »Gastes« wechselte von einem stark pulsierendem in einen ruhigeren Zustand. Wahrscheinlich wusste er nichts mehr zu diesem überaus wichtigem Thema zu sagen.

Nach Beendigung seiner aggressiven Rede entstand eine Pause. Marks Vater nutzte diese kurze Ruhe, um Zeit zu gewinnen. Dann fragte er in einem ruhigen Ton: »Wie kann ich denn den ihnen entstandenen Schaden wieder gutmachen?«

Barsch sagte sein Gast: »Das brauchen Sie nicht. Ich habe meinem Jungen schon ein neues Schulheft gekauft.«

Darauf sagte der Vater: »Das soll nicht Ihr Schaden sein, ich ersetze Ihnen das Heft.«

»Na, diese dreißig Cent habe ich ja nun auch noch über!«, rief er Marks Vater zu. Stand auf und ging ohne Gruß.

War es das wert, dass wegen dreißig Cent Krieg zwischen Familien entsteht? Hätte Uwes Vater nicht auch eine Zeitung oder ein Buch vor Wut zerrissen?

Drei in der Suppenschüssel

Der Vorgarten der Wohnanlage müsste Wasser bekommen. Sträucher, Blumen und Gras steckten nur noch in trockenem Sand. Keiner kümmert sich darum, die dürstenden Pflanzen zu wässern, obwohl außen am Haus ein Wasserhahn angebracht war. »Die tun mir leid!«, dachte ich. Und so suchte ich ein Gefäß, um Wasser zu nehmen und in den Vorgarten bringen zu können. Der entleerte Mülleimer musste herhalten. Gefüllt mit Wasser klappte es. Eine Gießkanne wäre besser. Die Blumen bekamen als Erste etwas. Als ich mit dem leeren Eimer wieder zum Wasserholen ging, fand ich zwischen dem trockenen Gras drei kleine Kakteen. Neugierig hob ich sie auf und betrachtete sie. Sie hatten kaum noch Wurzeln und machten einen erbärmlichen Eindruck. Grün waren sie noch, aber so zusammengerunzelt, dass man sie entsorgen sollte. »Aber halt! Sie sind doch in den trockensten Gegenden zu Hause. Mal sehen, was geht.« Und so mischte ich aus trockenem Sand, etwas Humus, Lehm und anderem Zutaten eine Erde zusammen, wie ich es schon in der Schule gelernt hatte. Dieses Gemisch musste nur noch in einen Blumentopf. Ich hatte aber keinen. Vielleicht konnte man die Suppenschüssel dafür nutzen, die der Keller mir anbot. Ich nahm sie einfach als Blumentopf, füllte ihn mit dem trockenen Erdgemisch und setzte die circa vier Zentimeter großen, stark verwelkten Kakteen in die Suppenschüssel. Das Ganze bekam einen Platz auf meinem Balkon. Nach einer Woche bekamen sie von mir das erste Mal Wasser. Jede Pflanze nur drei Tropfen. Nach wiederum einer Woche bemerkte ich Regung in ihnen. »Aha«! Jetzt brauchten sie »Hyaluron« für tiefe Falten. In Form von etwas mehr

Wasser verabreichte ich es ihnen. Und das wirkte. Die Stacheln blieben, die Falten verschwanden. »Nun dürft ihr euch mal so richtig vollsaufen«, sagte ich und füllte die Schüssel bis über den Rand mit Wasser. Nun waren es »Wasserkakteen«. Jetzt beachtete ich sie vier Wochen nicht mehr. Und obwohl die Schüssel kein Loch im Boden hatte, sank der Wasserspiegel erheblich. Die Erde wurde wieder trocken. Die Kakteen fingen an zu wachsen. Für die Zeit des Herbstes und Winters platzierte ich die Schüssel hinter der Scheibe des Wohnzimmers. Zu vorgeschrittener Frühlingszeit bekam sie wieder einen Platz auf dem Balkon. Nun gediehen sie prächtig. Auch Sehschwache konnten sie nun gut in der Schüssel erkennen. Sie waren gleichmäßig auf acht Zentimeter angewachsen und hatten schon einen Durchmesser von neun Zentimetern. Über den nächsten Herbst und Winter erhielten sie die gleiche Prozedur wie im Vorjahr. Im folgenden Frühjahr vergrößerten sie sich noch in Höhe und Umfang, deckten fast die ganze Schüssel ab. Auf dem Balkon in der Sonne bekamen sie im Mai kleine »Pinsel«. Die Pinsel entpuppten sich als Knospen, drei Wochen später entwickelten sich daraus prächtige Blüten. Diese »Trompeten« mit einer Höhe von fast zwanzig und einem Durchmesser von fast zehn Zentimetern sahen so aus, als wenn sie im Trio zusammen »tröten« wollten. Sie waren aber nicht messing- sondern weißrosafarbig. Alle Leute, die vorbeikamen, bestaunten sie. Im Juli zu meiner Geburtstagszeit zeigte jeder Kaktus drei Blüten davon. Kurz darauf verschwand die »Suppenschüssel« mit den Kakteen. Ein Verehrer hatte sie unter Zuhilfenahme einer Leiter vom Balkon geklaut.

    Ich hatte mich an ihrem Werden und Blühen erfreut und sattgesehen und betrachtete das Ganze nicht als vergebene Liebesmühe. Aber ein bisschen traurig war ich schon.

Hörnchen

Bwwwht, Bw, Bw. Lang, kurz, kurz. Irgendwo in unserem Haus wird gemorst.

»Das hört gleich wieder auf«, dachte ich. Ja, es hörte auf. Nach einer kurzen Weile ging es wieder los. Ich hoffte, dass es ganz aufhören würde. Nein – nach kurzer Pause war es wieder da. Ein ziemlich tiefer Ton das »Bw«.

Es nervte und so ging ich auf die Suche nach diesem kleinen Motor mit Aussetzern. Es musste vom Inneren des schrägen Daches kommen. Auf halber Treppe angekommen hörte ich es deutlicher. Es kam dort her, wo ich den alten Taubenschlag und den hölzernen Anflugkasten entfernt habe. Hier war ein etwa fußballgroßes Loch in der Außenmauer. Nachdem ich da hinauf kletterte, sah ich gelbschwarze »Bauarbeiter«, die bereits den Grundstein an einen Holzbalken angeklebt hatten. Vier dieser »Arbeiter« waren dabei, das aufgehende (abgehende) »Mauerwerk« durch von ihrem Speichel versetzten, zerkleinertem Holz zu errichten. Großwespen – ich erschrak. Sind das nicht die Tiere, denen man nachsagt, dass drei ihrer Stiche einen Menschen und sieben Stiche ein Pferd töten können! Auweia! Als ich etwa zwei Meter von ihrem Neubau entfernt in Hockstellung das Geschehen beobachtete, strahlten diese Viecher Ruhe und Gelassenheit aus. Es störte sie nicht, dass ich ihnen zuschaute. Das »Bw« kam daher, dass immer einer die Position wechselte. Das »Bwwwht« ertönte ,wenn einer durch das Mauerloch flog, um Baumaterial zu holen oder es heranschaffte.

»Das muss da weg«, dachte ich. Ich musste doch in etwa sechzig Zentimeter Entfernung Heizungggsleitungen verlegen und zusammenlöten. Da setze ich mich der Gefahr aus, dass ich von den Hornissen gestochen werde. Je länger ich dem Treiben zusah, umso mehr drängte sich mir der Gedanke auf, dass das doch friedliche Insekten sind. Ich beschloss, die Tiere gewähren zu lassen und sie nur sehr aufmerksam zu beobachten.

Nach ein paar Tagen musste ich dort meine Arbeit verrichten. Mit den Rohren, dem Lötbrenner und dem Zinn wagte ich mich ganz langsam an die »Baustelle« heran. Nun war der Bau schon fortgeschritten und acht Wespen arbeiteten daran. Sie waren so in ihre Arbeit vertieft, dass sie mich nicht bemerkten. Ich konnte mit meinem Material nah an sie heran und sogar die Rohre in unmittelbarer Nähe zusammenlöten. Vielleicht waren sie der Meinung, dass ich ein Subunternehmer bin und ihnen die Heizung in ihrem Haus einbaue. Beim Löten stand mir der Schweiß auf der Stirn, nicht wegen des Lötbrenners, sondern vielmehr gespannt darauf, ob sie mich angreifen. Nein, nichts. Ihr Bau war wichtiger.

Nun beschloss ich, sie ihren Bau beenden und auch dort wohnen zu lassen. Aber wie brachte ich meiner Frau bei, in unserem Hause ein Hornissennest zu akzeptieren? Schließlich konnten diese Tiere im ganzen Haus unterwegs sein. Als ich sie damit konfrontierte, dass sie nun unsere neuen Mitbewohner dulden sollte, erwartete ich von ihr Geschrei und Gezeter. Das war aber nicht so. Sie hatte ja schon Erfahrung mit Wespen gemacht. Damals ließ sie es ruhig zu, dass eine ihr die Bratensoße vom Finger entfernte. Das Tier nahm immer einen Teil der Soße von ihrem Finger und machte daraus ein Kügelchen, mit dem sie wegflog. Dann kam sie zurück und nahm wieder Soße auf, bis der Finger sauber war. Und nun das. Doch das war etwas ganz anderes. Trotzdem willigte sie ein.

Und so wurde das »Hochhaus« unter dem schrägen Dach fertig. Bei der Einweihung war es etwa einen Meter lang und vierzig Zentimeter breit und beherbergte sehr viele Tiere. Alle waren friedlich. So wie das auch bei den Menschen ist, waren Frühaufsteher und Bummelanten dabei. Die Frühaufsteher wussten nicht so recht, wie sie unser Haus verlassen sollten und belagerten morgens unsere Treppe zum Dachgeschoss. Die trägen Tiere beförderte ich mit meinem Spezialwerkzeug – einem Glas und einer Ansichtskarte – hinaus in die frische Luft an einen sonnigen Platz. Hier heizte die Wärme ihren Motor auf und es ging mit dem bekannten »Bwwwht« in die weite Welt. Die Spätheimkehrer, ich war der Meinung, sie kämen voll des vergorenen Birnensaftes aus der Kneipe, versuchten dort, wo noch Licht brannte, einzufliegen. Ihnen war egal, ob da noch eine Glasscheibe störte. Und so ging es »Bwwht« und »Peng«, bis sie den richtigen Einlass fanden. Einmal – meine Frau hatte gerade das Abendessen in der provisorischen Küche im Dachgeschoss bereitet – fanden sich in diesem kleinen, etwa zehn Quadratmeter großen Raum sieben »Schwirrgeister« ein und umkreisten die in etwa 2,20 m Höhe angebrachte Lampe. Meine Frau hatte vergessen, das Fenster zu schließen, und so fühlten sich die Flieger eingeladen. »Komm mal!«, rief sie ängstlich. Ich kam, nahm eine kleine Batterielampe und stellte sie in die Nähe ihrer Unterkunft. Dann machte ich das Licht im kleinen Raum aus. Nun fanden die späten Gäste in ihre Kojen. Nachdem alle aus dem kleinen Raum raus waren, verschloss meine Frau Tür und Fenster und konnte weiter das Abendessen zubereiten.

Die Zeit verging und es wurde Herbst. Die Tiere waren noch aktiv, bis es kalt wurde. Nun sah man nur noch wenige und mit dem ersten Frost war nur noch Dreck unter dem »Hochhaus«. Nach ein paar Tagen war das ein richtiger Berg und kein »Hörnchen« mehr zu sehen. Es war Zeit, das Mauerloch zu schließen. Der Bau kam mir sehr komisch vor. Ich begutachtete ihn und stellte fest, dass er aufgerissen und die noch vorhandene Brut aufgefressen war. Wir hatten uns an ihr gefährliches Aussehen gewöhnt und sie fast liebgewonnen. Immer, wenn uns eine im Garten besuchte, ließen wir sie gewähren. Ein paar Krümel oder einige Tropfen Cola oder Bier hatten wir immer übrig. Aber Achtung! Immer genau hinschauen, wo das Hörnchen sich genau aufhält und was es gerade macht. Nie in Panik geraten und schon gar nicht nach ihm schlagen, auch nicht mit Klatsche oder Zeitung.

Das Ereignis war nun ein paar Jahre her. In einem Sommer kam meine Frau aus dem Keller und sagte, dass da unten ein paar Hornissen wären. Ich sagte:»Na, du weißt doch, wie man sie dort herausbekommt.« Nach etwa zehn Minuten rief sie:»Ullrich, komm mal!« Ich wusste, dass das nichts Gutes bedeutete, wenn sie meinen Vornamen mit Nachdruck vollständig aussprach. Ich kam. Im Keller flogen und saßen circa fünfzig Großwespen und es wurden immer mehr. Ruhe bewahren. Den Grund feststellen. Eine Reinigungsklappe von einem ungenutzten Schornsteinzug war etwas geöffnet und es starrten mich circa 400 Insektenaugen an. Was nun? Mein erster Gedanke war, die Feuerwehr zu rufen. Auf halber Treppe zum Telefon malte ich mir den Einsatz der Feuerwehr aus. Sie würden mit Schutzanzügen und geeignetem Gerät und Sprühgiften den Tieren den Garaus machen. Nein, das wollte ich auch nicht. Ich schaute noch mal nach den Tieren. Wie sie mich ansahen. Es war, als flehten sie nach Hilfe und Befreiung. Ich brauchte keinen Plan. Instinktiv rief ich meine Frau und mit vereinten Kräften fingen wir die Tiere ein und brachten sie in den Garten. Vier Stück konnte jeder von uns jeweils befreien. Wenn wir so weitermachten, würde es ein tagfüllendes Programm sein. Es musste eine andere Möglichkeit geben. Nach kurzer Überlegung sah ich einen Ausweg. Wenn ich das Kellerfenster öffnete und sie in den Lichtschacht brächte, wäre das eine große Erleichterung. Gesagt, getan. Es funktionierte. Die Tiere flogen von dort aus direkt ins Freie. Nach einer guten Stunde war unser Einsatz erledigt. Bis auf einige wenige war es geschafft. Nachdem alle draußen waren, waren wir sehr erleichtert. Hoffentlich fänden sie eine neue Bleibe. Vielleicht einen hohlen Baum.

Wie war es denn zu diesem »Exodus« gekommen? Ein Hornissennest, das im Schornstein gebaut wurde, war zusammengefallen. Schuld daran war der Schornsteinfeger. Hätte er die Klappe richtig verschlossen, wäre das nicht passiert, weil kein Luftzug den Schlot stark durchströmt und den Propfen »Nest« nicht abgerissen hätte. Nun musste ich nur noch den angefallenen Dreck entfernen.

Haluna

Sie funktioniert nicht richtig. Die Motorsense ist so schwer in Gang zu bekommen. Man kugelt sich eher die Schulter aus, als dass das Ding läuft. Ehe das Anwerfen losgeht, müssen Einstellungen geprüft werden und die Benzinpumpe mehrfach betätigt werden. Und wenn man es schafft, sie zum Laufen zu bringen, dauert es nur ein paar Minuten und sie geht wieder aus. Verliert sogar einzelne Teile. Zum Beispiel Schrauben und Luftfilterabdeckung. Die Schrauben findet man im Gras nicht wieder. »Nimm sie dir mal so richtig vor und repariere sie, so dass sie sofort anspringt und keine Teile mehr verloren gehen. Heute passt das gut. Die Zeit dafür hast du und das Wetter spielt auch mit«, sagte ich mir.

Nach dem Frühstück machte ich mich daran. Gutes Werkzeug hatte ich ja. Zündkerze raus, sauber machen und Elektrodenabstand prüfen, dann wieder rein. Benzinzufuhr stimmt auch. Luftfilter reinigen und wieder einsetzen. Zündung prüfen. Ja funktioniert. Anreißen. Blabbel blabbel blabbel. Sie läuft nicht. Nach dem vierten Mal reparieren, war ich der Meinung, dass das Ding die »goldene Himbeere« verdient hat. Und das ist ein Gerät, das mehr als fünfhundert Euro gekostet hat. Jemand, der professionell solche Arbeit verrichtet, sieht abends nicht so aus wie ich schon mittags. Der kann seine Arbeitskleidung noch am nächsten Tag tragen, aber meine stinkt so nach Öl und Benzin und sieht so aus, als wenn ich mit Jacke und Hose im Gerät gesteckt hätte, um schmierige Betriebsmittel zu entfernen. Ab ins Bad. Zu einer Generalreinigung hatte ich keine Lust und wusch mir nur die Hände. Den Frust in meinem Gesicht konnte ich im Spiegel erkennen. Die Zeit für die Verschönerung desselben ersparte ich mir.

Drüben auf der anderen Seite an der Hauswand stand eine Bank. Mein Ziel um mein Versagen zu vergessen. Meine Frau war längst geflohen, weil sie mein Gemeckere und Gefluche nicht mehr ertragen konnte. Ein Tuch zum Schutz der Bank, um sie nicht mit meiner dreckigen Kleidung zu versauen, nahm ich mir mit. Als ich auf der Bank saß, fragte ich mich, wie ich mit solch einer blöden Arbeit diesen schönen Maitag »vergeigte«. Von der Bank aus sah ich gegenüber in ein parkähnliches Grundstück mit Teich. Das beruhigte mich und glättete meine Seele. Einfach schön!

Fast war ich am Einschlafen, da erblickte ich auf der querenden Straße eine kleine alte Frau. Das Grundstück mit der Bank hat keine Einfriedung und so steuerte die Frau meine Bank an. Alt war sie und ihre Hässlichkeit übertraf alles, was ich je gesehen hatte. Offensichtlich hat sie ihre Haare vor Monaten das letzte Mal gekämmt. Ihr Gesicht war so faltig wie eine zerknüllte Zeitung, die man wieder verwenden wollte, aber nicht mehr glatt bekam. Ihre Augenpartie war aufgequollen und rot unterlaufen. Es ließ auf viel Schmerz und Traurigkeit schließen, die sie den ganzen Tag zum Heulen aufforderte. Ich war mit meinem Outfit auch nicht gerade eine Augenweide. Sie machte einen erschöpften Eindruck. »Mein Gott!« Was musste sie erlebt haben, dass man den Gram ihr schon aus dem Gesicht quellen sah. Mit zaghafter Stimme fragte sie, ob sie sich auf der Bank etwas ausruhen dürfe. Ich lud sie ein, das Bankstück neben mir zu nutzen. Sie nahm Platz und atmete tief und erleichtert durch. Klein war sie und ihr »Witwenbuckel« war so ausgeprägt, dass sie nicht einmal gerade saß und ihre obere Rückenpartie die Banklehne nicht erreichen konnte. »Lass doch die Frau sich erst einmal ausruhen und erholen«, dachte ich. Ganz ruhig saßen wir nun nebeneinander. Die Ruhe nutzte ich, um wieder das schöne gegenüberliegende Grundstück zu betrachten. Es war so gepflegt und erfreute mich. Es beruhigte mich so sehr, dass ich langsam wieder am Einschlummern war. Nach einer Weile holte sie mich mit ihrer Stimme aus meinen Träumen.

»Ich gehe diesen Weg oft lang und schaue auf das schöne Grundstück.«

»Ja es ist selten schön nicht wahr«, sagte ich.«

»Ja es sieht sehr schön aus«, erwiderte sie.

»Früher stand hier mal ein Schloss, das 1945 abgebrannt ist. Dieses Schloss war von einer prächtigen Natur umgeben. Dann kaufte der Bauer das Grundstück und umzäunte es leicht. Jetzt wurde es als Kuhweide genutzt. Die Kühe fraßen alles kurz und klein. Büsche und seltene Wiesenpflanzen fielen ihnen zum Opfer. Zaunkönig, Grasmücke, Gimpel, Nachtigall, Buchfink und andere kleine Vögel verloren ihren Lebensraum. Der Kuckuck verschwand, weil er kein Singvogelnest mehr fand, in dem er sein Ei ablegen konnte. Die Gemeinde verbot, das Grundstück als Weide zu nutzen, wegen des Naturschutzes. Dann ging der Bauer in Rente. Sein Schwiegersohn übernahm das Grundstück und machte es so schön, wie es heute ist. Er ließ alte Bäume fällen, die das Auge des Betrachtenden stören könnte. Es verschwanden Siebenschläfer, Eichhörnchen und Wildbienen und so manch Baumhöhlennutzer, weil es keinen Wohnraum mehr für sie gab. Dann entschlammte er den Teich. Iris, Kolbenschilf und seltene Wasserpflanzen verschwanden. Moorfrösche, Laubfrösche und Grasfrösche quakten hier nicht mehr und Kröten und Kammmolche können nun hier nicht mehr laichen, weil sich ein Algenteppich ausbreitete, der den ganzen Teich bis über den Wasserspiegel hinaus ausfüllt. Der Dünger, der für das üppig wachsende Gras sorgen sollte, erreicht nun mit jedem Regen den Teich und düngt übermäßig die Algen. Man kann kaum glauben, dass es hierdrin einmal von Fischen nur so wimmelte. Er hat dann das Grundstück mit einem engeren Zaun eingefriedet. Ab dann war es Wildschweinen und Rehen verwehrt, auf das Grundstück zu gelangen. Er ist Waidmann und schmückt nun dieses Stück mit Wildschweinen aus Kunststoff. Sein bester Freund – der Jagdhund – hat auf dem ganzen Grundstück Auslauf und jagt Enten, Störche und Reiher, aber auch Niederwild, das sich hier einmal verirrt. Einmal kam ein Reh hinein. Keiner wusste, wie. Der Hund hat es dann zu Tode gehetzt, weil es durch die Umzäunung keinen Ausgang fand. Das Gras muss ein sattes Grün aufweisen. Der alte Landwirt und Schwiegervater mäht es fast täglich mit einem Rasentraktor. Wiesenblumen werden, kaum dass sie ihren Flor entfalten können, abgemäht. Für Bienen, Hummeln und anderen Insekten herrscht hier Nahrungsmangel und sie können hier nur noch verhungern. Und im Übrigen herrscht Pflanzeneinfalt Aber alles ist so schön für das menschliche Auge. Nicht einmal Maulwurfhügel oder Wühlmausbauten wirst du finden. Der Eigentümer als Landwirt kann das, was dazu geeignet ist, Wühler zu vergiften, unproblematisch kaufen.«

»Ja, ich habe das gesehen und meine Traurigkeit machte mich hässlich und kleiner und lässt mich tagelang heulen. Vergleichen Sie das nebenliegende Grundstück damit. Fast alle Wiesenpflanzen sind hier präsent und das Grundstück wird von Wühlmausburgen und Maulwurfhügeln gekrönt. Natürlich zum Ärgernis des Besitzers. Hier auf dem Gundstück, wo wir jetzt sitzen, wurde ein Stall-/Scheunengebäude abgerissen.«

»Ja, ich weiß«, warf ich ein. »Ich musste es zurückbauen, weil die Mauern unterspült waren und es einzustürzen drohte. Beim Amt war ein Antrag dafür nötig. Von dort bekam ich neben der Genehmigung auch die Auflage, die zum Stall gehörende Jauchegrube, die nun seit dreißig Jahren nicht mehr in Betrieb war, zu entfernen oder mit Erdreich aufzufüllen. Ich kam der Auflage nach und deckte als Erstes die Deckenplatten ab. Von den Stallabwässern war natürlich nichts mehr da. Nur noch ein leichter Ammoniakgeruch schwängerte die Luft. Neben den hölzernen Stützen waren hunderte verschiedener Frösche und Kröten darin. Eine Vielfalt, die sich eine öffentliche Amphibienstation in ihren Terrarien wünschte. Auch flogen aufgescheuchte Fledermäuse heraus. Ich gehorchte dem Amt, um einem hohen Bußgeld aus dem Wege zu gehen. Mir war sehr mulmig dabei zumute, so eine Naturschönheit zu vernichten.«

»Ich habe das beobachtet«, sagte sie, weinte sehr und wurde kleiner. Als ihre Tränen verrannen, hob sie ihre Stimme und sprach:

»Ich gehe auch in den Wald und über Felder und Wiesen. Hier fällt auf, dass Windbrüche, bestehend aus Schlehen und anderen Büschen, entfernt wurden. Brüche, die aus Teichen bestanden, wurden zugeschüttet, um ein paar Quadratmeter Ackergrund zu gewinnen. Die dort ansässige Natur verschwand. Die Landwirte würden auch noch die Feldwege umpflügen, wenn sie sie nicht bräuchten, um mit ihren Riesenmaschinen ihre Felder zu erreichen. Und dann die Pestizide, Wachstumsverzögerer und Beschleuniger, deren für Menschen nicht sichtbarer Dunst alles ersticken lässt, was sich an den Nutzpflanzen regt. Abgesehen davon, dass Gülle im Übermaß ausgebracht, das Grundwasser verunreinigt. Und das nur, um die Biogasanlage zu betreiben, die vom Staat subventioniert wird . Der Anlage ist es egal, ob in den Feldabfällen der Maiszünsler gehaust hat oder nicht. Maiskolben werden auch zu Strom – und der hungernden Bevölkerung in der Welt vorenthalten.« Ich sah, dass ihre Tränen erneut ihr Gesicht benetzten.»Schauen Sie auf die umliegenden Grundstücke, die zur Verschönerung mit Verbundsteinen versiegelt werden und dann mit in ein paar Blumentöpfen gezüchteter exotischer Pflanzen dekoriert werden.«

Als sie das sagte, bestärkte die Hässlichkeit ihr Gesicht und ich hätte nicht geglaubt, dass so viel Wasser aus nur zwei Augen rinnen kann. Wie konnte man dieses verhutzelte Wesen wieder aufrichten? Mutig fragte ich sie:»Was müssen die Menschen tun, damit das Lachen in Ihrem Gesicht wieder einzieht?«

»Nichts«, sagte sie.»Die Natur erholt sich wieder, wenn der Mensch ihr Zeit und Ruhe gönnt und nicht mit seinen gutgewollten Aktionen diese Erholung behindert. Was der Mensch mit den Händen aufbaut, reißt er mit seinem Hintern doch wieder ein. Schauen Sie auf die Fünfzigpfennigmünze der Bundesrepublik Deutschland von 1949. Auf der Rückseite ist symbolisch das zu sehen, was damals den Aufbau nach dem Krieg begleitete. Die jungen Leute von heute sollten pflanzen statt zu schwänzen, wenn sie zeitnah die Klimaerwärmung aufhalten wollen Die Schule nutzen und lernen, um ein Gefühl dafür zu erhalten, was die Natur ihnen anbietet und ihre Welt erhält. Es müsste sogar verpflichtend sein, einen Tag zu opfern um schneller einen Erfolg zu haben. Wald neu zu schaffen und Bestand zu erhalten. Eine Heide bewachsen mit großen Bäumen und üppig verbuschten Flächen, die gierig darauf sind, Feinstaub und Emissionen zu verzehren. Wald gleicht immer Temperatur aus. Im Sommer ist es darin kühler und im Winter immer etwas wärmer.« Sie machte nun einen gefassten Eindruck.

Ich sann lange ruhig, aber erregt nach. Mir kam so viel Trübes in den Sinn, was aufzuräumen war. Es saß doch ein so komisches Wesen neben mir. Nach einer Weile fasste ich den Mut und fragte sie:»Wer sind Sie, wie heißen Sie?«

Sie antwortete:»Mein Name ist Haluna. Ich bin im Haferfeld geboren, bekam Luchsaugen und die Aufgabe die Natur zu überwachen. Das war vor langer Zeit, als die Natur noch ihre Ordnung hatte. Ich war groß und hübsch und hatte Mandelaugen. Der Umgang der Menschen mit der Natur ließ mich klein, hässlich und schrumpelig werden. Und was ich sehe, verklebt meine Augen. Ach, entschuldigen Sie mich, ich muss noch weiter, weil man zwei Bäume, Juwelen der Natur, für toten Krempel eines Künstlers fällen will.«

Es war Zeit für mich, ins Haus zu gehen. Beim Aufstehen empfand ich eine große Last, die mich fast vornüber fallen ließ. Es war nichts Greifbares, aber doch schwer. Die schrunzelige Olle hat mir das wohl aufgebürdet. Es dauerte lange, bis ich Leichtigkeit in Schlaf und Traum empfand.

Harald von Tschi

Eine Kieselsteinbreite von mir entfernt wohnt der adelige Harald von Tschi. Seine Burg ist wehrhaft und mächtig. Sie besteht aus Buchenholz. Sturm und Regen können dieser Burg nichts anhaben. Dicke Wände gibt es. Unterhalb des Turms sind die Gemächer. Die Haupthalle ist geräumig und lässt Nebenräume erahnen, die zum Ruhen und Arbeiten geeignet sind. Eine Küche hat die Burg nicht. Das kleine und große Geschäft erledigt er im Freien, nachts, wenn es keiner bemerkt. Dann geht er auch auf die Jagd. Sein Wildbret ist sehr vielfältig. Am liebsten erlegt er gepanzertes Wild, das knackt und kracht, wenn er es verspeist, aber auch schleimige, die mit List und Tücke seine Burg besetzen wollen. Er spürt sie auf und vertilgt sie sogleich.

Die fiese Art Einiger, die aus dem Boden sich Zugang zu seiner Behausung verschaffen wollen, um seine Räume zu besetzen, werden bestraft. Hingerichtet dienen sie ihm dann als Rohkostspeise. Jeder hat Respekt vor ihm. Seine Speere, Lanzen und Piken halten jeden noch so kühnen Feind von ihm ab. Sein ›Ha‹ und ›Tschi‹, das nicht zu überhören ist, würde aber mächtigere Gegner nicht abschrecken. Sie würden ihn überwältigen und auffressen.

Mittags an einem sonnigen Julitag – ich war gerade beim Kaffeetrinken –, hörte ich ein ›Hatschi‹ und das ganz in der Nähe. So konnte sich nur der adelige Harald bemerkbar machen. Unter der buschigen Terrassenabgrenzung kam tatsächlich Harald angewackelt. Was trieb ihn denn mitten am Tag aus seiner Burg? Ja klar, er hatte ›Kohldampf‹.

»Ach, armer Harald, am Tag findest du deine Feinde nicht. Da sind sie in ihren Verstecken. Sie kommen doch erst zu Abend und in der Nacht heraus.« Er schnüffelte und suchte, fand aber nichts. So lief der ›Ritter von der hungrigen Gestalt‹ hin und her. Ich wusste, wo seine Feinde sich tagsüber versteckt hatten, nahm eine Grabegabel, fing vier von ihnen und legte sie ihm zu Füßen. Er fiel sofort über sie her und verschmatzte sie in Sekundenschnelle. Nun glätteten sich seine verklebten Magenwände wieder etwas. Um aber zu Kraft und Stärke zurückzufinden, war das zu wenig.

»Na gut«, sagte ich und fing erneut für ihn ›Feinde‹ ein. Er verschlang sie sofort. Aber es reichte immer noch nicht. Und so fiel mir die Aufgabe zu, Fressbares in ausreichender Menge heranzuschaffen. »Der muss ja wohl ein Loch im Magen haben?« Ich stellte mir dieser Frage. Nach achtzehn Stück von guter Qualität, Größe und Güte war er satt. Was nun? Er wankte unter der Last im Magen hin zum Holunderberg. Hier in halber Höhe legte er sich hin und drehte sich mal auf die eine, dann auf die andere Seite. Schließlich reckte er seinen vollgefressenen Wanst in die Sonne. Nun lag er da zwischen den Brennnesseln. ›Alle viere‹ reckte er zum Gebet dem Himmel entgegen und dankte Gott. Mit dem Gewimmel im Bauch wollte er gern in den Himmel.

Ich kümmerte mich nicht weiter um ihn und trank gemütlich meinen Kaffee weiter.

Kumpel Pladautsch

Kaum hatte ich die Kneipe betreten, fragte die Wirtin: »Was kriste denn, Ulli? Wie immer ein Bier?«
»Ja«, sagte ich. „
»'ne Glocke oder einen Halben?«
»Na, 'ne Glocke«, warf ich zurück. Das Glas Bier kam umgehend. Am Stehtisch drängten sich fünf Personen. Der Platz reichte gerade für sie. Manchmal drängten sich auch sieben Personen daran. Mit dem Bier in der Hand stand ich zwischen dem Stehtisch und dem Spielautomaten. Endlich verließ einer den Tisch und ich besetze den freigewordenen Platz.
»Mensch, bist du auch mal wieder da?«, fragte Gerdchen.«
»Ja, Mutter hat mich mal wieder angemeckert. Da bin ich gleich getürmt.«
Die Runde vernahm meine Antwort mit Wohlwollen und Verständnis. Ging es den Gästen vom Stehbiertisch nicht ebenso wie mir? Die Diskussionen um Unsinniges bis gar Wichtiges – »Nichts« – gingen weiter. Es war selten, dass konkret nach dem Befinden anderer gefragt wurde. Aber auf dem Gebiet der Politik konnten sie zusammen »Orgel spielen«. Nur hatten sie nie das Orgelspiel gelernt und so wusste man nicht, was sie spielten und ob der eine oder andere Ton zu dieser Musik gehörte. Die Noten standen ja in den Tageszeitungen. Aber jeder hatte daraus seine eigene Melodie gemacht.
Die sich öffnende Kneipentür verlangte von den am Tisch Stehenden eine Zwangspause. Sie wurde erwartungsvoll dazu genutzt, einen neuen Gast zu begutachten. Neu war der Gast nicht. Es war

Kumpel Pladautsch. Er war vor einer Stunde, nach Aufenthalt am Stehtisch, gegangen. Nun war er wieder da. Sein Spitzname war Hatschi. Eigentlich hieß er Herbert. Mit seiner großzügig mit Dioptrien behafteten Brille steuerte er sofort auf den Stehbiertisch zu und quetschte sich an eine Ecke zwischen die am Tisch Trinkenden. Bereitwillig rückten sie eng zusammen.

»Hallo Alligator!«, rief er mir zu. Bei seinem Verlassen war ich noch nicht da gewesen. Die anderen begrüßte er nun nicht mehr. Die Namen der Biertischbesiedler kannte er alle nicht und so hießen bei ihm alle »Alligator«. Kaum war er da, kollerte er einen »Pladautsch« von der Zunge, mit dem er darum warb, dass man ihm seinen bestellten »Halben« ausgab. Es fand sich immer einer, der das tat. Hatschi war dadurch gezeichnet, dass der Klebstoff der Arbeit nicht an ihm haftete und Liebe und Lustbarkeit darin bestand, zum Arbeitsamt zu gehen. In seinem nächsten »Pladautsch« bewertete er die saumäßige Leistung der Politiker. Besonders die der Frauen. Und prompt versuchten einige das mit ihrem berühmten »Orgelspiel« zu begleiten. Auf dieses Ding war ihm ein »Halber« sicher. Hermann rief die Wirtin, die auf seine Kosten eine Stehtischrunde brachte. Das miese »Orgelspiel« zusammen mit der Entleerung des »Halben« hob Sehverluste hinter Hatschis dickwandigen in Horn gefassten Gläsern hervor. Es musste auch etwas mit dem Druck auf seiner Blase zu tun haben. Denn lautlos verließ er den Tisch und wickelte einen Gang im schlanken Walzer zur Toilette ab. Am Nebenurinal in der Toilette stand einer, der einen guten »Tanzpartner« für Hatschi hätte abgeben können. Aber der war beim Pinkeln nicht so flink. »Hallo, Alligator«, sprach Hatschi seinen Nebenmann an. Der guckte nur und ergötzte sich an seiner Blasenentleerung.

Als beide wieder an ihren Tischen waren, schielte Hatschi nach seinem Pinkelbruder. Der saß am Tisch mit zwei anderen. » Da geht was«, dachte sich Pladautsch und schon ging er mit ziemlich eckigem Gang zu diesem Tisch. »Hallo Alligator!«, war sein Gruß und schon überschwemmte er mit einem ausgiebigem »Pladautsch« die Tischanwesenden. Die bekamen vom Sinn und Unsinn des »Pladautsch« eine durstige Kehle und einer bestellte für den Tisch eine Runde. Die Wirtin brachte natürlich auch einen Halben auf Kosten eines Tischgastes für Pladautsch mit. Nun pladautschten diese Gäste mit Pladautsch um die Wette.

»Früher hatten wir einen Kaiser, da war alles besser!«
»Jawohl.«, stimmten alle ein.
»Ja, da war alles viel besser beim Kaiser«, wurde wiederholt.

Es war ja auch nicht klar, um welchen Kaiser es sich handelte. Die allgemeine Meinung war, dass es wünschenswert wäre die alte Herrlichkeit der Monarchie wiederherzustellen und das Volk in straffen Zügeln zu halten. Es musste schon jemand gedient haben, wenn er sein Wort erheben wollte. Pladautschs »Alligatoren« verließen nach Zahlung der Zeche Tisch und Kneipe. Kumpel Pladautsch besann sich auf seinen Platz am Stehtisch und versuchte, dort wieder anzusiedeln. Inzwischen waren hier fünf der sechs Plätze besetzt. Pladautsch schaffte es als siebenter einen Quetschraum zu finden. »Hallo Alligator!«, begrüßte er den seinen ehemaligen Platz Besetzenden. Kaum war eine kleine Ecke für ihn freigemacht, wurde sie von Pladautsch eingenommen und es pladautschte wieder einem Wasserfall ähnlich über Pladautschs trockenen Lippen. Alle Stehtischweisen bejubelten die Forderung nach weniger Steuern, obwohl sie nicht wussten, ob Kumpel Pladautschs Gelaber noch zur deutschen Sprache oder zum Plautitsch der Mennoniter gehörte.

Der neue Gast am Tisch spendierte dem Pladautsch dennoch einen Halben. Der hatte das Pinkeln nicht verlernt und seine Blase verlangte danach. Nun fand er den Weg zum Pissoir auch ohne seine eingefassten »Cocaböden«. Es war auch besser, sie könnten ja auf dem Weg dahin oder sogar im Urinal verloren gehen. Als er wiederkam, bemerkten seine Stehtischkumpels seine Ausfallschritte und zunehmende Unsicherheit. Es war nun egal, ob seine Brille auf der Nase saß oder auch nicht. Am Tisch wurde er auch mal kleiner und wackelte wieder in seiner fast vollen Größe zurück. Dann konnte man sein Gesicht gut über dem Tischrand ausmachen. Und ein bisschen stank er auch nach »Pippi«. Eine gesicherte Meinung der Gäste und der Wirtsleute war, dass er zu Hause seine »Pladautschgeschichten« ausleben sollte. Gäste brachten ihn vor die Tür. Der Wirt wusste, wo er wohnt, und brachte ihn anschließend nach Hause.

Vielleicht hat er vom »Pladautschen« und vom Stehtisch geträumt und natürlich auch vom Halben.

Jede Pflanze und jedes Tier
ist eine mit Edelsteinen besetzte Krone.

Der Mensch macht den Krieg,
der diese Kronen zerstört.

Nüchtern betrachtet bist du blau.
Blau betrachtet bist du es, der nüchtern ist.

Mein Verstand sagt mir,
dass mein Baum mit mir
nicht reden kann.
Aber warum erzählt er mir
dann so vieles?

Ich habe Einfalle
wie ein altes Schloss.
Ab und zu fällt
ein wertvoller Stein heraus.

Ein Tag ist lang.
Je weniger du an ihm aktiv bist,
um so kürzer erscheint er dir.

Meine saure Süße
hat mir den Tag versalzen.

Erzähle niemanden etwas Kluges,
zwischen dessen Ohren ein dünner Bindfaden
einen Hohlraum quert.

Irrwege kannst du durch
geduldiges Zuhören berichtigen.

Wenn du etwas in den Sand setzt,
hetzt das keine Ameise.

Was du träumst, das träumst du.
Was du nicht träumst, gestalte zu einem schönen Traum.

Oft hat des Menschen Gier die Macht,
dass er nur für Scheißdreck schafft.

Wenn du einen Furz machen musst,
drehe deinen Arsch so,
dass du ihn nicht riechen musst.

Der Friede ist das Billigste,
Der Krieg ist das Teuerste.
Warum strebt die Menschheit
immer nach dem Teuersten?

Belachtes ist meist nur
versehentlich falsch Gemachtes.

Wenn du kommst, bist du schön,
wenn du gehst, bist du noch schöner.

Lass den Biss deiner Jugend nicht
zur Verbissenheit im Alter werden.

Fragen stellende Gedanken
sind spannend.

In deinem Leben
vergiss nicht zu vergessen.

Ein Arsch, der nackt ist,
wird wegen seiner Bekleidung
nicht kritisiert.

Die Hitze der Gefühle
erzeugt den Dampf in den Worten.

In deinem Kopf entstandene
Klumpen solltest du nicht
aus deinem Munde pumpen.

Was der Mensch
in seiner Jugend erlebt,
ist das, was ihn im Alter belebt.

Es ist Zeit,
dass es Zeit wird.

Dein Fleiß wendet
dein Schicksal positiv.
Deine Faulheit zeigt dir,
wie negativ es werden kann.

Den Schatten auf deiner Seele sieht Gott,
ob du Kleider oder keine trägst,
ob du dreckig oder sauber bist,
stört Gott nicht.

Es lebt sich heut ganz unbeschwert,
weil man sich an nichts mehr stört.

Du nimmst ein Tinkgeld von deinem Feind,
weil du nicht weißt, dass es dein Feind ist.

Mein Leben ist genau in der Mitte
der Ewigkeit platziert.

Wenn dich jemand beleidigt,
sieht Gott seine Sünde.
Wenn du beleidigend antwortest,
sieht auch Gott deine Sünde.

So wie du andere grüßt,
wirst du wieder gegrüsst.
So wie du andere belügst,
wirst du wieder belogen.
So wie du Andere betrügst,
wirst du wieder betrogen.

Wenn eine Seite leer ist,
lies in deinem Herzen weiter.
Da gibt es so viel Spannendes,
dass deine Tage nicht reichen,
um alles zu lesen.

Die Übertretungen unserer Ansichten
schmiedeten unsere Gemeinsamkeit.

Im Alter wird es immer schwieriger,
einen Halt in dem Teil

der Ewigkeit zu kriegen,
in dem du dich gerade befindest.

Diesen Morgen gibt es nur einmal.

Je angenehmer und umso besser
das Leben es mit dir meint,
desto fauler und unverschämter wirst du.

Lass erst deine Kuh fliegen,
bevor du sie auf die Weide stellst.

Wenn einer spinnt,
öffnet er ein Tor zum Denken.

Ehebruch ist, wenn der Ehepartner
die Liebe zum Fernseher vorzieht.

Kein Mensch stirbt,
er wird gestorben.

Mute keinem Menschen zu,
dass er genau so denkt wie du

Nicht loslassen können
erzeugt Zwang.

Ich bin nicht der,
der Himmelbetten aufpolstert.
Ich bin der,
der dich an dich erinnert

Jedes Wort, das du aufnimmst,
ist ein Strohhalm.
Wenn du alle Strohhalme bindest,
ergibt das ein Boot,
das dich über den Titicacasee bringt.

Es ist nicht der Sand, der die Düne braucht.
Es ist die Düne, die den Sand braucht.

Menschen, die Vorschriften machen,
sind oft des Schreibens nicht mächtig.

Ihr macht mir einen Vorwurf,
dass jetzt, wo ihr mich braucht,
ich nichts mache.
Habe ich euch einen Vorwurf gemacht,
dass ihr nicht das gemacht habt,
was ihr jetzt so dringend braucht?

Heute habe ich aus einer Unmöglichkeit
eine unmögliche Möglichkeit gemacht.

Im Alter erkennst du,
dass du nur ein paar Minuten gelebt hast
und nur noch ein paar Minuten
zu leben hast.

Zwingt nicht alles Wissen in
die Kinder rein,
lasst sie auch Menschen sein.

Sage nicht anderen,
was sie sollen,
mach doch nur das,
was du musst.

Du hast das Recht,
automatische Zwänge
aufzukündigen.

Wenn du musst, dann musst du
wenn du nicht musst,
suche keinen Grund zu müssen.

Eine Mitteilungsblockade tut dem gut,
der nicht mehr verarbeiten kann, was er sagt.
Nur Informationen durchwinken schadet.

Krieg und Frieden
halten sich die Waage,
beides bleibt auf der Welt
bis ans Ende ihrer Tage.

Realen Reichtum
verschenkt nur eine Mutter.

Gedanken sind schwebende
Mosaike in Gehirnzellen.

Das Annehmen von Blödsinn
und das Umsetzen in sinnvolle Realität,
das ist Kunst.

Ein Künstler lebt
von überarbeiteter Überholung
seiner Arbeiten.

Ich habe dich nicht geheiratet,
um dich kennen zu lernen.
Mit uns war jeder Tag spannend.
So dass wir keine Zeit hatten,
uns kennenzulernen.
Nun haben wir Zeit genug,
um uns kennenzulernen und
lernen nur die Fehler des anderen kennen.
Wir sind immer noch zusammen,
weil es außer Fehlern noch andere Dinge gibt,
die uns zusammenhalten.

Meine Süße, meine Frau,
ich bin nicht darüber traurig,
dass du dort bist, wo das Vergessen
ein vergessenes Wort ist
Die Wiederkehr des Erlebten
ist zu einer Unmöglichkeit geworden.
Ich möchte gerne aus dieser Unmöglichkeit
eine unmögliche Möglichkeit machen.
Nur weil das nicht möglich ist, bin ich traurig.

Ich habe dir etwas Kluges erzählt.
Nun schaust du mich so an,
als ob ich Kluges vervielfältigen könnte.
Lass doch das Kluge in dir blühen
und aus dieser Blume Samen entstehen.
Dann kannst du den Samen in die Erde bringen
und es wird das Entstehende Kluge vervielfältigt sein.

Wesentliches geschieht leise unmerklich.
Wunder bedürfen sehr hoher sensibler Aufmerksamkeit
für den, dem das Wunder gilt.
Glück erfährt der, der es sich erarbeitet.
Von alleine kommt es nicht.

Deine Hand findet immer einen Halt.
Dein Kopf muss sich seinen Halt selber schaffen.